覆水难收

沈大生——著

法律出版社 | LAW PRESS

图书在版编目(CIP)数据

覆水难收 / 沈大生著. -- 北京:法律出版社,
2017(2018.6 重印)
ISBN 978 -7 -5197 -1305 -8

Ⅰ.①覆… Ⅱ.①沈… Ⅲ.①房地产-民事纠纷-案例-中国 Ⅳ.①D922.181.5

中国版本图书馆 CIP 数据核字(2017)第 212912 号

覆水难收
FUSHUI - NANSHOU

沈大生 著

策划编辑 马丽娟
责任编辑 马丽娟
装帧设计 汪奇峰

出版 法律出版社
总发行 中国法律图书有限公司
经销 新华书店
印刷 北京虎彩文化传播有限公司
责任校对 王晓萍
责任印制 沙 磊

编辑统筹 法律出版社
开本 720 毫米×960 毫米 1/16
印张 11.5
字数 120 千字
版本 2017 年 10 月第 1 版
印次 2018 年 6 月第 2 次印刷

法律出版社/北京市丰台区莲花池西里 7 号(100073)
网址/www.lawpress.com.cn
投稿邮箱/info@lawpress.com.cn
举报维权邮箱/jbwq@lawpress.com.cn
销售热线/010 -63939792
咨询电话/010 -63939796

中国法律图书有限公司/北京市丰台区莲花池西里 7 号(100073)
全国各地中法图分、子公司销售电话:
统一销售客服/400 -660 -6393
第一法律书店/010 -63939781/9782 西安分公司/029 -85330678 重庆分公司/023 -67453036
上海分公司/021 -62071639/1636 深圳分公司/0755 -83072995

书号:ISBN 978 -7 -5197 -1305 -8 **定价**:52.00 元

目·录
CONTENTS

转

合

自序

另一种尝试

我第二次上大学,学的是水利水电工程建筑。

四年学完,成绩都合格,毕业前还要过最后一关——毕业设计。我们有设计土坝的,有设计混凝土重力坝的,有设计混凝土拱坝的。我们的目标很明确:设计一个坝——当然是最最简化的坝。于是,我们大学四年的修行,逐渐幻化成一幅幅图纸,那些图纸都是我们根据各自计算的成果亲手绘制的。毕业答辩时,依次挂在墙上的图纸是主角,相应的《计算书》《说明书》反倒成了配角。图纸是根据计算结果绘制的,让人感觉很踏实。几十年过去,回想起那些由粗实线、细实线、虚线、点划线构成的三视图、轴测图、剖视图、剖面图,仍然能够感觉到其中和谐的秩序美。

大学毕业十年后,侥幸通过律师资格考试的我决定改行,从工程师强行变为律师。因深知自己法学底子薄,便去攻读法律硕士学位。两年半学完,成绩都合格,又到了最后一关——毕业论文。毕业论文直接将擅长做选择题的我打回原形——选择题是律师资格考试中的重头戏。看着年纪比我小许多的同学们忙得不亦乐乎，无从下手的我只得直接求教于我的导师：写法学论文的目标是什么？我的导师以同情的眼光看着跨界转行的我，说：写法学论文最关键的目标，是对某个或某些法律问题发表自己独立的见解。

对我这理工男而言，法律条文能勉强凑合记住就已是万幸了，自己独立的见解？断然没有。再加上法学论文还有那么多格式要求，当真是"为赋新词强说愁"，苦不堪言。焚膏继晷绞尽脑汁好不容易勉强完成了，心里却反而更加惶恐了，因为不知能不能过关。看着纯文字码出来的论文，总感觉不如看着根据计算结果绘制的图纸踏实。

从事诉讼业务十几年之后，慢慢地，我还真对一些法律问题有了自己不够成熟但却独立的见解，想要写出来，法学论文的格式却又成了我最为头疼的问题。

在现代化程度越来越高的当今社会，本应销声匿迹的各路古法似乎又成了一种另类时尚卖点，古法小榨的油，古法酿造的酒，古法秘制的豆，古法酱烧的肉等大行其道。我突发奇想：在法学论文越来越高大上的当下，我是不是也可以反其道而行之，用"起承转合"的文章古法，针对某些法律问题发表自己独立的见解？于是，就有了《覆水难收》这篇非典型性的法学论文。

《覆水难收》中有我对法律问题不够成熟但却独立的见解，所以《覆水难收》就是法学论文；《覆水难收》虽然是法学论文，但是看上去确实不那么正宗。

前工程师写的法学论文，无论怎么努力，都免不了多多少少会带些混凝土的味道。

再次郑重声明：我所讲述的不全是真的。

闲话依然少说，看官，您继续上眼！

第一章　起

“首先声明：我只是让大家开法律脑洞的，不是给大家讲课的。如果大家有志参加司法考试——对不起，恐怕来不及了，因为今年的司法考试是最后一次[1]。如果大家有志参加明年的法律职业资格考试[2]，应当去啃法条。”

现在几乎所有的大学都有法律系甚至法学院，我的母校华北水利水电大学也不例外。工科出身的我竟然有幸受邀回母校讲座。

我的母校原名华北水利水电学院，我上学时校址在河北省邯郸市，1989 年我刚刚毕业，学校就迁到了河南省郑州市，校名还叫华北水

〔1〕 国家司法考试于 2002 年开始举办，2017 年是最后一次。核心报名资格：本科以上学历。

〔2〕 2018 年即将举办第一次法律职业资格考试，核心报名资格：全日制普通高校法学类本科以上学历并获得学士及以上学位，或者非法学本科及以上学历并获得法律硕士、法学硕士及以上学位，或者获得其他相应学位且从事法律工作三年以上。

利水电学院，前不久才改叫华北水利水电大学。校址在河北省的时候，校名冠以“华北”二字没有任何问题，校址已经迁到中原腹地的河南省郑州市了，校名还冠以“华北”二字，多少有些名不副实。据说当时改名的呼声很高，还是据说，很多位高权重的华北水利水电学院老校友们为了捍卫校名中的“华北”二字使出了洪荒之力。

很多人不理解华北水利水电学院的老校友们为何如此钟情于“华北”二字。

原因很多。在我看来，最重要原因就是，“华水”的简称以前是由一本的华东水利学院专享的，二本的华北水利水电学院只能简称“华北水院”。后来华东水利学院改叫河海大学了，“华水”这个韵味十足的美称，自然而然就专指华北水利水电学院了。

看看近年来南京大学和南昌大学为“南大”撕得不亦乐乎，山东大学和山西大学为“山大”斗得难解难分，河南大学和河北大学为“河大”争得不可开交，我作为华北水利水电学院的校友，心里暗呼侥幸。

“法律距我们的日常生活并不遥远，法律与我们的日常生活息息相关。今天，我想跟大家聊聊法律上的物。我先问问大家，‘唯江上之清风，与山间之明月，耳得之而为声，目遇之而成色’，这是出自哪位名家之手？”

身为执业律师，平时在法庭上，必须是法言法语，绝对不能敞开了追根溯源地说，有时一不小心稍越雷池半步，法官一句“与案件无关的话不要说”，就会把刚刚起兴的我生生拽回。

法官的做法可以理解。但被拽回的我总有种意犹未尽的感觉。

不过今天的目标是开脑洞，而且我的讲座我做主，机会难得，我忍不住信口开河地扯。

学生甲满脸疑惑地回答："这是苏东坡《前赤壁赋》里的名句吧？"

"恭喜你答对了！多优美而有意境的佳句！"迎着大家疑惑的目光，我不紧不慢地说，"那么问题来了，上面提到的'清风''明月'，是不是物？"

学生乙回答："当然是物啊！这不会有什么疑问吧？"

"那得看同样的问题，问的是什么人了。不同专业的人，对同样的问题，有着不尽相同的见解。"

学生乙小心翼翼地问："不会是脑筋急转弯的陷阱吧？"

我微微一笑，说："不，是严肃的专业观点。比如，你去问自然科学家：'清风'是不是物？自然科学家很可能会给你上课：说'清风是物'太笼统了！'清风'，实际上就是流动的空气，空气是指地球大气层中的混合气体，它主要由78%的氮气、21%的氧气、0.04%的二氧化碳以及其他气体和物质组成的混合物。空气的成分不是固定的，随着高程的改变、气压的改变、环境的改变，空气的组成比例也会改变。比如，同样是华北水利水电大学，估计花园校区空气中的PM2.5含量就会比龙子湖校区的要多一些。"

同学们笑了。

二十世纪九十年代初，华北水利水电学院刚搬到郑州的时候，校址定在郑州北边，叫花园校区。经过十多年的飞速发展，花园校区周边已经成为紧邻郑州北环的繁华地带，想要扩大地盘但周围早已没有空地，只得在郑州东边空旷地带又圈了一大块地，叫龙子湖校区。

“但是，如果你就想知道‘清风’是不是物，自然科学家会明白无误地告诉你：‘清风’是物。同样，如果你就想知道‘明月’是不是物，自然科学家也会明白无误地告诉你：‘明月’是物。

“事实上，在自然科学家看来，一切都是物，包括看得见摸得着的，和看不见摸不着的，据说还有什么难以理解的暗物质、反物质，等等。总之，一切都是物。”

大家不明就里地望着我。

我继续信马由缰地说：“再如，你去问作家：‘明月’是不是物？作家可能也得给你上课：说‘明月是物’太直白了！应该说是玉兔、素娥、冰轮、玉轮、玉蟾、婵娟、玉弓、玉桂、玉盘、玉钩、玉镜、广寒宫等，怎么说不行？偏偏说‘明月是物’，太直白、太没有意境了。

“但是，如果你就想知道‘明月’是不是物，作家会明白无误地告诉你：‘明月’是物。同样，如果你就想知道‘清风’是不是物，作家也会明白无误地告诉你：‘清风’是物。”

学生乙问：“还会有不同答案吗？”

“当然有，”我顺势接过话头说，“如果同样的问题问法学家，尤其是问民法学家：‘清风’是不是物？‘明月’是不是物？民法学家会斩钉截铁地告诉你：以法律的观点看，‘清风’不是物！‘明月’也不是物！”

如果说刚才大家的表情还是心存疑虑的话，那么现在大家的表情完全就是目瞪口呆了。

只有一小部分同学会意地点头，看来这些同学是法学院的。

过了足足十几秒，率先缓过来的学生甲弱弱地问："那么以法律观点看，'清风'和'明月'是什么？"

"'清风'和'明月'是什么？法律没有回答，所以我也没有办法回答。大家只需知道'清风'和'明月'不是法律意义上的'物'就行了。"

学生甲继续刨根问底："沈律师，请问法律上'物'的定义是什么？"

"时至今日还没有哪个法学家能够给'物'下个令人信服的定义，只得描述'物'的特征，然后就凑合着用，"我继续往远处扯，"说来这都是受老子的影响。这种没有定义，只有特征描述的文体，我称之为'老子体'。"

同学们貌似听得津津有味，却也有一种将信将疑的表情。

我上学的时候最喜欢的就是授课老师天南地北地扯了，时代变了，看来这一点还没有变。

但我自认为我并非完全戏说。

我摆弄了一番笔记本电脑，我需要的内容便出现在投影仪上。《道德经》的原文我不敢怠慢，只能照本宣科："请看《道德经》第二十五章：有物混成，先天地生。寂兮寥兮，独立而不改，周行而不殆，可以为天地母。吾不知其名，强字之曰道，强为之名曰大。

"翻译成白话文就是：在产生天地之前，有一个浑然一体的存在。寂静啊，空虚啊，独立自在，永不改变。普天运行，永不疲倦，称得上是天地万物的母亲。我不知道他的名字，姑且写作'道'，勉强起个名字叫'大'。

“老子之后，这种没有确切定义，只有特征描述的‘老子体’大行其道。很多论文，包括物理的、化学的、法学的、史学的、中国的、外国的，等等，‘老子体’随处可见，”我停了一下，说，“从某种意义上来说，人类的进步并不是很大。想当初函谷关的杠把子尹喜，看到紫气东来，便吩咐部下仔细盘查，结果倒骑青牛翩然而至的老子因颇具异象便被当作圣人拦下——说实话是不是漏过了别的圣人谁也说不好。尹喜见到老子后说了一句话：‘子将隐矣，强为我著书。’老子很快看出来：虽然尹喜以弟子自称，好吃好喝地供着自己，但是不拿出些硬货来肯定脱身无望。无奈之下，老子只得留下五千多字才得以脱身，飘然西去。千万不要忘记，那五千多字，也就是被后人称作《道德经》的作品，那可是老子为了谋求尽早脱身的急就章啊！”

有同学在相互悄悄议论。

我也感觉有些扯远了，只得再强行把话头拉回，开始说法律干货：“言归正传。法律概念上的‘物’，没有人能够给出令人信服的定义。《民法总则》数易其稿，其中有一稿给‘物’下了如下定义：‘本法所称物，是指能够为人力所控制并具有独立利用价值的有体物。’后来讨论没通过，因此2017年正式公布的《民法总则》里看不到‘物’的定义。法学家不是不想给法律上的‘物’下定义，而是因为太难所以不得不放弃，只能描述‘物’的特征然后往下说。特征描述也是众说纷纭，一般认为法律上的‘物’具有如下特征：一是可以被人支配；二是脱离于人体之外；三是有价值。”

看到大家似有疑问，我补充解释道：“特征是开放的，定义是封闭的。描述特征进退自如。而如果没有十足把握，一般不敢把话说死，用定义来作茧自缚。”

我稍停一下，接着说：“根据特征来比对，‘清风’和‘明月’显然就不具备法律上‘物’的特征，因此也就不是法律意义上的‘物’了，”我有意等同学们消化一下，接着说，“在法律上，人们还不厌其烦地对‘物’进行分类，什么主物与从物、动产与不动产、特定物与种类物等，其中我要特别说明一下特定物和种类物。特定物，就是独一无二不可替代之物，种类物则与之相反。

“法律上引入‘物’的概念，是在为‘物权’出场做准备。法律上所说的物权，范围就更窄了。很多国家的法律没有给物权下定义，我国的《物权法》倒是顶住压力给物权下了个定义，《物权法》第二条第三款是这么说的：‘本法所称物权，是指权利人依法对特定的物享有直接支配和排他的权利，包括所有权、用益物权和担保物权。’注意：法律上的物权，客体必须是特定物，而且物权法定，就是说物权的种类和内容均由法律明确规定，当事人不得任意创设新物权或变更物权法定内容。”

“沈律师，法律规定那么复杂而又难以理解，有什么实际意义吗？”学生丁提出质疑。

“有，真的有十分重要的实际意义。因为物权有个特性——覆水难收。谁能说说覆水难收的典故？”

学生甲应声而起：“我试试。据说西汉时期有位读书人叫朱买臣，屡试不第，他媳妇的脸色越来越不好看，后来他媳妇不顾朱买臣的哀求，离他而去，另找他人。再后来朱买臣突然时来运转，当了太守，他媳妇又找到朱买臣，要求回到朱家。朱买臣让人端来一盆水泼到地上，告诉他媳妇——确切地说是他前妻：若她能把泼在地上的水收回盆中，就可以让她回到朱家。这就是覆水难收的来历。"

"我更正一下，"一个湖南口音的女生站起来说，"科举考试是隋朝才开始的，汉朝选拔人才靠举孝廉，因此不会出现屡试不第的情况，只能说没人推荐朱买臣。另外，我听说的版本，男主角是姜子牙。朱买臣那名字听着就俗，倒也罢了，怎么大名鼎鼎的姜子牙也这么绝情？古时候女人不能单独经商或者为官为吏养活自己，主要靠丈夫。人人都有权利追求更好的生活，这没什么不对的啊！"

我笑了笑，说："什么有情与绝情、对与错、好与坏等，都是人们的主观判断，而不是客观标准，我们暂且不做评判。但是，法律上是认可婚姻关系覆水难收的。

"咱们国家的法律实行两审终审制，也就是说，案件顶多经过二审就已是终审判决、生效的判决。为防万一，我国法律在两审终审制之外，还设置了一个再审的纠错程序。请大家注意，我国现行的《民事诉讼法》是 1991 年制定的，2007 年和 2012 年分别进行了修正，但无论怎么修正，审判监督程序中——也就是再审程序中，始终有这么一条规定：当事人对已经发生法律效力的解除婚姻关系的判决，不得申请再审。以前还仅仅是离婚判决书不得申请再审，2012 年更是把离婚调解书也给加进去了[1]。

"为什么？道理很简单：案件只要有再审的机会，客观上就有改判的可能。生效判决或者调解准予离婚的法律文书，改

〔1〕 1991 年《民事诉讼法》第一百八十一条规定："当事人对已经发生法律效力的解除婚姻关系的判决，不得申请再审。" 2007 年《民事诉讼法》第一次修正，该条调整为第一百八十三条，内容没有任何变化。2012 年《民事诉讼法》第二次修正，该条调整为第二百零二条，内容变为："当事人对已经发生法律效力的解除婚姻关系的判决、调解书，不得申请再审。"

判的结果就是判决不准离婚。但是,一方当事人又结婚了怎么办?民政局新发的结婚证怎么办?因此,不论多委屈,只要解除婚姻关系的法律文书生效了,哪怕仅仅是一审判决的上诉期内没有上诉,也就彻底失去再审的纠正机会了。覆出的水真的难以收回。”

学生丁若有所思地点了点头,又转而发问:“沈律师,刚才你说物权也有覆水难收的特性,这一点在法律上有具体规定吗?”

我静静地看着大家,慢慢地说:“截至目前还没有,但是我想以后也许会有,而以后增加类似的规定,很可能与下面这个案件有直接的关系。”

我迎着大家半信半疑的目光,接着说:“我是认真的。下面这个案件有许多法律看点,但我认为最重要的就是我的重大发现:物权真的是覆水难收。”

又是一片将信将疑的表情,其中显然“疑”的成分占绝大多数。

“俗话说‘打铁没样,边打边像’,”我停顿一下以示强调,然后接着说,“刚开始我并没有意识到物权具有覆水难收的特性,直到最后才发现。这个案件,起因是房子,焦点是房子,应该说,都是房子惹的祸。我把隐去真名的相关法律文书逐步显示在投影仪上,请大家仔细看、慢慢品,然后我们再讨论。”

第二章　承

（一）

老包和小青都是旁人眼中的成功人士。

老包是山东人，帅得霸气。

小青是河南人，美得张扬。

两人都各自早早到北京求发展。

世纪之交的北京，这两位气场强大的帅哥美女相遇了，相互都被对方的魅力所深深吸引，于是，两人从相识到倾慕，再到恋爱。很快，两人的关系就比恋爱更进一步了。

也许任贤齐的《心太软》唱出了世间真理：相爱总是简单，相处太难。

老包和小青，旁人眼中神仙眷侣似的一对，走到一起之后，像大多数乍走到一起的青年男女一样，开始产生摩擦。

这很正常。

成长环境不同、教育背景不同、思维方式不

同的一男一女，本真地生活在一起，而不是像恋爱时相互演戏，产生摩擦是很正常的，不产生摩擦才是不正常的。

大多数男男女女能够有效控制相互之间的摩擦不让它升级，于是去棱去角，在相互适应的过程中平平静静携手共度一生。

但老包和小青与众不同。他们之间的摩擦很快上升为冲突，冲突逐步升级愈演愈烈，直至升级成两人之间的战争。

终于，国家机器出面了，因为他们已经稀里糊涂联手将两人之间的战争演变为刑事案件了。

老包和小青刑事案件的故事，请参见我的另一本书《精彩也在胜负外》之《过度补偿》。

经历了刑事案件，两人的关系已是势同水火了。

我当律师已经许多年了，遇见过不少领了结婚证甚至生了孩子的两口子过不下去，寻求法律帮助的。最后结果要么分手，各奔前程；要么各自忍忍，继续一起过。

大家都羡慕成功人士，成功人士的重要标志之一就是有钱。

殊不知成功人士也有成功人士的烦恼，成功人士烦恼的起因往往也是因为有钱。

当真是成也萧何，败也萧何！

老包和小青，按说既没领结婚证，也没生孩子，过不到一块儿了，各自走人就是了，有何难哉？

但是，前面说过了，老包和小青都是成功人士——有钱，更要命的是，有一部分钱已经由种类物变成特定物——变成汽车，变成房子了。

汽车好办，谁名下的谁继续开。开过一段时间之后，什么汽车都得跌价，而且越好的汽车跌得越厉害，根本不值得有钱人过分操心。

问题是房子，尤其是北京的房子，而且是北京北三环附近180多平方米的大房子。

2007年五一国际劳动节过后，彻底摆脱了刑事案件羁绊的小青又主动找到我，要让我做她的代理律师，与老包争房产。

我和小青约好时间到我们律师事务所面谈。

我在停车场停好车，刚下车，听见有人叫我。

转头一看，鲜衣怒马的小青正款款从车上下来。

她当真是鲜衣怒马——一袭鲜亮的红色连衣裙，座驾是张扬的白色宝马X6。

几个月不见，看来小青已经彻底走出刑事案件的阴影了，不仅神色自信光彩照人，而且还换了车——由黄色三菱跑车换成白色宝马X6。

相互寒暄着一起走进我们律师事务所会议室。

坐定之后，小青介绍基本案情。

"我和老包是世纪之交认识的，然后我们开始交往，关系发展很快。2001年我们在海淀区知春里那里买房子，当时我说买两套小的，老包偏不，他非说要买一套大的，最后，就买了一套180多平方米的806房屋。房价一共102万元，加上装修一共花了不到130万元。实话实说，一部分钱是我自己的，另一部分钱是我和老包一起合作赚的，不过所有钱都是从我个人名下的存折打出去的，《商品房买卖合同》的买受人上写的是我和老包两个人的名字，也都是我们俩人亲自签的字。再后来的事，你都知道了，都闹成刑事案件了，唉！

“我想跟老包协商，让他按现房价给我一半的补偿就行了，可老包坚决不答应。没办法，我只能起诉了。实际上，我去年就起诉了，后来由于种种原因我又撤诉了。上次我没请律师，我听朋友说这案件很简单，根本不用请律师，后来才发现不是那么回事。‘事非经过不知难’呐！这次我准备请律师。上次那个刑事案件，你的辩护太精彩了，所以我想，这个案件我就请你沈律师了。”

上次刑事案件的结果，当事人比我还满意，这倒是出乎我的意料。

我暗自估计：2001 年，北京北三环附近的知春里房价，《商品房买卖合同》上有，每平方米 5556 元。六年过去，现在那里的房价早已破万了，如此算来 806 房屋的总房价已经从 102 万元涨到 300 万元左右了。

我看了看小青交给我的材料：一个存折，户名就是小青；还有一份《商品房买卖合同》复印件，上面的买受人写着老包和小青两个人的名字。

我先核实基本问题：“只有《商品房买卖合同》？没有房产证？这房子不会是违章建筑、小产权房之类的吧？五证[1]全不全？”

现在是 2007 年，可是这 806 房屋是 2001 年购买的，当时《最高人民法院关于商品房买卖合同纠纷案件适用法律若干问题的解释》[2]尚未出台，我必须仔细核实这个问题。

---

〔1〕“五证”是《建设用地规划许可证》《建设工程规划许可证》《建设工程施工许可证》《国有土地使用证》《商品房销售（预售）许可证》的合称。

〔2〕《最高人民法院关于商品房买卖合同纠纷案件适用法律若干问题的解释》于 2003 年 4 月 28 日颁布，其条文中的“出卖人”特指房地产开发企业，其第八条、第九条对小产权房、一房二卖甚至三卖等房地产市场乱象震慑作用巨大。

“806 房屋没有问题，买房的时候我们还专门请律师把关。刚开始不能办房产证，开发商让我们先住着。前年五六月开发商通知说可以办房产证了，可那时我跟老包已经闹得成刑事案件了，办房产证得两个买受人同时到场，这怎么可能？所以这房子到现在也没办房产证。”

我陈述自己的基本意见：“这《商品房买卖合同》的买受人写上谁的名字谁就是所有权人，房产证就是根据《商品房买卖合同》办理的。因此，806 房屋是属于你和老包共有的，基本原则就是一人一半。以前房子极其稀缺，夫妻两人现有的住房是他们二人唯一的住房，法院又不能把其中一人轰到大街上去，所以那时判离婚，两人还都在一套房子里，南边归一人，北边归另一人。这几年住房情况有所缓解，法院通常是把房子判给一个人，这个人给另外一个人财产折价款，省得俩人都离了还不得不天天见面，不利于安定团结。

“具体到你们的案件，你是希望你要 806 房屋然后你给老包财产折价款，还是希望老包要 806 房屋然后由他给你财产折价款？”

“老包肯定是一分钱也不想出，他不是没钱，他就是恨我所以不想给我钱。所以只能是我要 806 房屋，我给他财产折价款。”

有感于小青对我的无条件信任，我完全站在小青的角度想了想，说：“这 806 房屋，买的时候是 102 万元，现在肯定升值了。法院收诉讼费是按标的额来收的，标的额越高诉讼费就越高，当然我们律师费也一样。你看这样行不行：立案的时候先把 806 房屋估价为 102 万元，诉讼过程中有两种可能：一是你和老包就 806 房屋现值达不成一致意见，那时再申请评估，然后再按评估价值补交诉讼费和律师费；二是在诉讼过程中，你们就806房屋的现值达成一致意见了，法院很可能就不再另行收取诉讼费了，至少评估费不用交了。律师费好说，加也加不了多少。我个人觉得第二种可能性比较大，请评估机构评估，那也得不少钱呢！你们俩不会主动往法院、评估机构、律师事务所扔钱吧？”

小青不以为然：“那你可能太乐观了，我跟老包那么多年我了解，很可能是第一种情况，他太倔了。”

“凡事都是走一步看一步，我建议：案由定为同居关系析产纠纷，诉讼请求共两项：

“1.806房屋归小青所有。

“2.小青给老包财产折价款人民币51万元。

“至于诉讼费，我特别说明一下，当事人提与不提法院都会依法判，该谁承担谁承担。本案这种情况，法院基本都是判两人分担的。你要是没什么意见，我就准备诉讼材料了。”

“行，就按你说的办，你是专家。”

小青对我是言听计从，这让我很是欣慰，决心把事情做得更好。

（二）

806房屋在北京市海淀区的知春里，因此，根据专属管辖[1]的规定，选择在北京市海淀区人民法院（以下简称海淀法院）立案。

---

〔1〕专属管辖是指法律规定只能由特定法院管辖，其他法院无权管辖，也不允许当事人协议变更管辖。因不动产纠纷提起的诉讼，是《民事诉讼法》规定的专属管辖的一种，由不动产所在地人民法院管辖。

2007 年 7 月底，我到海淀法院立案。

立案的过程极其顺利。

作为执业多年的律师，别的不敢说，我准备的立案材料，我可以拍着胸脯说，即使最挑剔的法官也找不出毛病。

2007 年 8 月中旬，海淀法院给我打来电话。

“是沈律师吧？这里是海淀法院东升法庭。你代理的小青诉老包同居关系析产纠纷案，法院已经定了开庭时间，请你记一下。”

律师脑子里都有一个档期表，我暗自检索一番，确定书记员通知的开庭时间与我的已定开庭档期不冲突，于是我认真记住，再把这个开庭时间升格为已定档期，并把来电的号码列入手机的通讯录——这个号码在案件结束前不会从我的手机通讯录中删除。

过了没几天，又是这个固定电话打给我：“是沈律师吧？你代理的小青诉老包的案件，开庭那天你不用来了，老包提出书面管辖异议申请了，要求把案件移送到他的户籍地西城法院去，或者是移送到第一中级人民法院去。法官正在准备裁定书，过几天直接来领裁定书吧！”

这老包，身为根红苗正的法学硕士而不是法律硕士[1]，肯定不会不知道专属管辖的规定，这分明是在拖。

很快，我拿到了《民事裁定书》。

《民事裁定书》的“本院认为”是如此表述的：

因不动产提起的诉讼，由不动产所在地人民法院

〔1〕 法学硕士培养以教学和科研人才为目标，法律硕士培养以应用型人才为目标。

管辖。本案中，双方诉争的806房屋位于北京市海淀区，该地点位于本院管辖的区域内，故本院对该案有专属管辖权。根据有关级别管辖的规定，老包申请由北京市第一中级人民法院管辖不符合有关法律的规定。依照《中华人民共和国民事诉讼法》第三十四条[1]之规定，裁定如下：

驳回老包对本案管辖权提出的异议。

具名的是海淀法院的审判长A。

这个裁定结果是显而易见的。

显而易见的结果却并不等于是令所有人满意的结果，老包以上诉方式表明他的态度：不满意。

小青得知老包提出上诉，说："这老包，他肯定就是想故意拖时间！他在806房屋住得挺美，他当然愿意就这样永远拖着啦！"

不满之情在电话里都能听得出来。

我知道她的不满情绪是针对老包的，可是客观上却是我在听。

转眼到了2007年11月，在北京市第一中级人民法院（以下简称一中院），老包管辖异议上诉案安排谈话。

我按时赶到一中院。

一中院西门是我们当事人的入口。西门西边一路之隔的万达广场接近竣工，各种条幅各路人马在为开盘造势，热闹非

[1]《民事诉讼法》制定于1991年，其中专属管辖的规定是第三十四条。2007年《民事诉讼法》第一次修正，其中专属管辖的规定仍是第三十四条。2012年《民事诉讼法》第二次修正，其中专属管辖的规定变更为第三十三条。

凡，感觉一中院北边的八宝山也不再那么肃杀。

小青没来，一是小青说她有事；二是我告诉她，结果基本是驳回上诉，去不去没关系。

在一中院的等候区，我看见老包。这是小青故意伤害罪案之后，我首次见到老包。

他还是西服套装，雪白的衬衣，光鲜的领带，再配上金丝眼镜，精神饱满，完全是专给别人打官司的律师模样。

老包肯定认出了我，因为他故意不正眼看我。

开庭谈话的过程，在我看来就是走走过场，尽管老包的话很多。因为除了驳回上诉、维持原裁定之外，我实在没看出来还有其他可能的结果。

几天之后，法律文书寄到了我们律师事务所。

果然，《民事裁定书》进行一番叙述之后，最后的结果是**“驳回上诉，维持原裁定”**。

具名的是一中院的审判长 B 及其他审判人员。

按法院约定俗成的规矩，驳回上诉、维持原裁定的案件，回到一审法院后，还会回到原一审的法官手里。

进入 2008 年，似乎一切都要给奥运会让路。

我数次打电话催问原一审书记员，书记员总是耐心地告知我：案件还没回来，让我慢慢等，开庭暂时安排不了。

渐渐地，我的注意力也全都转移到奥运会上了，毕竟，能现场观看奥运会比赛，对身为体育迷的我来说，是件难得的幸事。

热闹非凡的奥运会结束了。

2008 年国庆后的一天，海淀法院给我打电话。作为执业律师，每个法院的前四位号码我都非常熟悉。

“是沈律师吧？你代理的小青诉老包的案子，你还有印象吧？”

离发回重审都快一年了，这案子可算有动静了！

是那位审判长A打来的。

我连忙给出肯定答复的同时，心中暗自有些疑惑：一般通知开庭时间这种事，都是书记员乃至书记员的书记员（实习生）来安排，为何本案法官屈尊亲自安排开庭？极其少见。

得到我肯定的回应后，审判长A说：“沈律师，是这样，现在法院抓审限抓得很严，这案子回来以后正赶上奥运会，现在已经超过半年了。你看能不能这样：你先办个撤诉，然后重新立案，诉讼费就收50元，重新立案后我会尽快安排开庭，你看行不行？”

怪不得不是书记员打电话，而是审判长亲自打电话！

我沉吟不语。

这不是50元钱的问题。作为代理律师，我经常代付这种程序上小小不言的费用，但是，这次事情好像不是那么简单。

“法官，这事我不好擅自做主，我得征求一下当事人的意见。”

“那你好好给当事人做做工作，这也是配合我们的工作，我等你的电话。”

结束与审判长A的谈话，我仔细想了想，然后给小青打电话，介绍完基本情况后，我问：“小青，你看要不要撤诉后重新立案？”

“沈律师，这事已经折腾一年多了，现在还没有任何的实质性进展，按说我心里挺着急的，但是我没打过官司，你是专业律师，我想听听你的意见。”

自从《过度补偿》那个案件结束后，小青对我一直是信任有加。得到当事人如此程度的信任，既让我心中感动，也让我更加珍惜这份信任。

我斟词酌句地回答：“不管是撤诉重新立案，还是坚持不撤诉，这个案件都会在这位审判长A手里，这与‘首问负责制’类似。坚持不撤诉没有问题，但是，一般来说，在案件还没有正式审理的情况下，就在类似的程序上与主审法官较劲，通常来说都不是很明智的行为，而因不撤诉导致影响主审法官的业绩，那她以后审理案件的时候……”

“沈律师我听明白了，那就撤诉吧！”

当事人如此通情达理，真是难得。

很快，撤诉再重新立案的手续就已办完。

审判长A大概是为了表示她会兑现很快审理此案的承诺，甚至在我重新立案手续完成的同时就给我开具了开庭传票。

开庭时间定在一个月之后。

过了十几天，审判长A又打电话给我：“沈律师，有个情况跟你说一下，老包又提出管辖异议了，他还是认为这案子应当移送到西城法院审理。”

我心中暗暗叫苦。

案件已经拖了一年多，小青上次就已流露出难以掩饰的不满情绪了，很显然这次又要在程序上折腾一番，这可如何是好？

“法官，老包是怎么知道案件撤诉后重新立案的？法院能不能直接审理实体问题？这案子已经一年多了，当事人那里我不好交代。”

我明知希望不大，也只能努力争取。

审判长A说："重新立案后给老包送达了新的《民事起诉状》，估计是老包自己看出来的。这老包，就是故意拖延时间。但是，管辖异议既然已经以书面方式提出了，法院就得处理，应该还是驳回，但是程序还得走，没办法，你跟当事人解释一下。开庭那天你还照常来，直接领取《民事裁定书》。"

果不其然，我的意见在审判长A那里没有起到任何作用。悔不该当初只顾积极配合法院的工作，却陷自己于尴尬境地。很明显，老包的管辖异议被驳回后，他绝对要上诉，对此我确信无疑。老包本来就有些固执，再加上针对"民事裁定书"的上诉，以前是分文不花，现在虽然要花钱了，却也仅仅是50元，代价太小。

这事必须让小青知道。

仔细斟酌之后，我拨通了小青的电话："小青，咱们重新立案后，老包又提出管辖异议了。"

"啊？又得一年左右？"估计小青在竭力控制，但她的不满情绪我还是能听得出来，"老包就是故意的，我可真是拖不起，一想到自己还有个案子在法院没有最后结果，我晚上睡觉都不踏实。"

"小青，我是这样想的：老包这样故意折腾，咱们烦，估计法官也烦。这案子早晚会进入实体审理阶段，法官还会是这个法官。要是老包的所作所为已经暗地里引起法官的不满情绪，我想，对咱们的案子来讲，总不应该是坏事，你说呢？"

电话那边的小青静默了一小会儿，然后说："那也只能这样想了。开庭那天反正也不审理实体问题，我就不去了，沈律师就代劳了。"

小青如此通情达理，倒让我真的有些内疚：按说律师是为自己的委托人服务的，争取委托人更大满意度才是我们律师努力的方向，为“配合法院的工作”而忽视委托人的利益，那是本末倒置。不过，有时法官因程序问题开口提要求，直接硬顶似乎也不妥，“县官不如现管”的道理再明白不过，我们代理律师在每个问题上都绝对寸步不让，对委托人来说也未见得就是好事。如何掌握？怎一个难字了得！

十余天之后，我按照法院通知的时间去领法律文书。《民事裁定书》的结果毫无悬念地是**“驳回管辖异议申请”**。

小青知道这个结果后，说：“老包百分之百还要上诉，我了解他。”

果然，数日之后，我收到了《民事上诉状》。

现在已是2008年11月底了，看来得明年了。

2009年3月，一中院通知谈话。

照例，老包又以他特有的“包式风格”惹得二审审判长C心烦却又无可奈何。

很快，二审《民事裁定书》下来了。

“驳回上诉，维持原裁定。”

这时已是2009年3月底。

（三）

2009年9月，终于等到开庭通知：10月下旬开庭。

这案子，在管辖权上折腾了两年多，现在终于要进入实体审理了！

我电话通知小青。

电话中的小青很高兴：“我的老天！打官司这么熬人，真没想到，开庭那天我去，沈律师，都需要注意些什么？”

“开庭时，你尽量少说话，与案件无关的问题更是休要提起。法官都很忙，总是说那些没用的，容易招他们烦。法官也是人，她要是心里头烦你，对你来说无论如何不会是什么好事。至少她有权当庭说你几句。”

“沈律师，那咱们这个案子中，哪些是与案子有关的问题？”

“咱们这案子，实际上很简单。《商品房买卖合同》上写了你和老包两个人的名字，那就是你和老包共有的，原则上一人一半。现在你提出要房子，同时给老包财产折价款。这就是与案件有关的事情。其实说实话，需要你说话的时候并不多。”

“那我给老包多少财产折价款？在我来说，当然是越少越好。”

“这806房屋买的时候是5000多元一平方米，共102万元。北京房价一直在涨，806房屋现在估计怎么也得接近2万元一平方米了，大概总共要360万元，一半就是180万元左右。咱们就先按给老包51万元说，看老包如何应对再说。”

小青自言自语地说：“806房屋附近的房价，去年不到2万元呢！”

“说者”是不是“无心”我不知道，但作为“听者”的我无法不“有意”：房价上涨，对拟定出钱的小青而言意味着要多掏钱。而给老包第二次提管辖异议的机会让老包能够拖延时间，我是难辞其咎。

我、小青、老包都按照开庭传票指示的时间先后到达位于清华大学东门不远处的东升法庭。

海淀区地域辽阔，海淀法院有许多派出法庭，东升法庭就是其中之一。

小青的形象，两个字足以概括：高，俏。

而老包的衣着永远是那么古板正统——西服套装，深色领带。

老包和小青故意相互视而不见。

书记员们先后下楼，认领各自的当事人。东升法庭是不能直接进入法庭的，要在安检口外面等待书记员认领才可以进入法庭。

我们在本案书记员的指示下进行安检。

我作为执业律师，稍稍有些特殊待遇，那就是在登记簿上写下自己的名字、律师所名称、律师执业证号。

我觉得这比接受安检还麻烦！

进入法庭。

书记员待双方依次就座后，又一次核实双方当事人及代理人的自然情况——其实这案子已折腾了两年，基层法院的法官和书记员一直都没有换，估计书记员对双方的自然情况早已烂熟于胸，现在就是走走过场。

很快核实完毕，书记员打电话通知法官。

三位身着法袍的法官依次进入法庭，各自落座。

审判长 A 与书记员低声沟通之后，宣布："小青诉老包同居关系析产纠纷案，自然信息及代理人信息都已核对完毕。"

审判长 A："下面宣布合议庭组成人员。本案由×××，也就是我本人，担任审判长，与审判员×××，助理审判员×××共同组成合议庭。书记员×××担任法庭记录。

"下面宣布当事人的诉讼权利和义务：

"有对案件事实进行陈述和申辩的权利，有权提出反诉。

“有对合议庭组成人员申请回避的权利。

“有收集和提供证据、请求法院调解的权利。

“可以查阅或摘抄庭审材料，对法庭记录认为有差错，有权申请补正。

“上述诉讼权利义务，原告是否听清？”

“听清了。”

“原告，你们是否申请回避？”

“不申请。”我平静地回答。

“上述诉讼权利和义务，被告是否听清？”

“听清了。”

“被告，你是否申请回避？”

老包同样平静地说：“不申请。”

审判长A随即宣布：“小青诉老包同居关系析产案，现在开庭！”

随着一声清脆的法槌声，法庭内的一切轻微的噪声都被压了下去。

“下面进行法庭调查。原告，简述你们的诉讼请求，以及所依据的事实和理由。”

审判长A很认真。

很多案件，法官只是问诉讼请求及事实和理由与起诉状相比有没有变化，有变化的才让现场说，要是没有变化，就不用再说，甚至不让再说，直接往下审了。

这案子我已经折腾很长时间，我不用看《民事起诉状》也能说。

“原告与被告是恋爱关系。2001年年初，由原告完全出资，购买了806房屋，但在签订《购房合同》时，买受人同时写上了原告和被告的名字。原告与被告后来常因琐事吵闹，现双方的关系已彻底破裂。原告特向人民法院提起诉讼，具体的诉讼请求是：

“1. 806 房屋归小青所有。

“2. 小青给老包财产折价款人民币 51 万元。”

审判长 A 转向老包：“被告，针对原告的诉讼请求及事实理由，发表你的答辩意见。”

老包不慌不忙地拿起两个鼓鼓的档案袋：“这是我的书面《答辩状》和相关的证据材料，准备了三份，这两份是准备提交给法庭和对方当事人的。法官，我现在提交可以吗？”

只见审判长 A 满脸错愕，与另外两位法官交换一下眼神，还是同意了老包的要求。因为这个要求本身极其合理，没有任何拒绝的理由。

我接过老包递过来的档案袋，暗自疑怪：不就是分个房子吗？怎么这么多证据材料？都是些什么材料？

我打开档案袋一看，脑袋都大了：光书面《答辩状》，就有八页，还是小五号字的，不是我们通常用的四号字。证据材料还有专门的证据目录。

诉讼过程中，一方当事人当庭提交证据，另一方当事人有选择权：可以选择当庭质证，也可以选择要一个 7 天到 15 天的质证期而不是当庭质证。

我快速浏览一番老包的证据材料，凭多年的诉讼经验判断：这些材料几乎与案件没有任何的关联性。

审判长 A 问我们：“原告，被告当庭提交的证据材料，你方是否同意当庭质证？”

我回答：“我们当庭质证。”

好不容易才开庭审理实体问题,我实在不想再拖下去。

小青凑过来,悄悄问我:“都是些什么材料啊?”

我还没顾上回答,老包已开始抑扬顿挫逐字逐句地念《答辩状》。

已经念了约三分钟了,第一页还没有念完。其内容,从程序问题说起,从重复立案,一事不再理,到同居关系析产的案由错误,再到小青身份证号有两个,不能确立是哪个小青,另外居然还建议法院向司法局发司法建议函,调查代理律师在刑事辩护中的违法行为(小青涉嫌故意伤害案,我是其辩护人)。

我心中焦躁,但是又不敢出面制止,因为我没有这个权力。我只能忍着,转而看向审判台:难道他们也能忍得住?

眼看三位审判员脸上的不耐之色越来越明显。

果然,审判长A出言制止:“被告请注意,与案件无关的问题,就不要说了。”

“是,我知道,”老包满脸微笑着说,“可是我认为我说的这些都与本案有关啊!”

审判长A竟一时语塞。

旁边那位年龄较大的法官显然很有经验,心平气和地打圆场:“被告,你说的这些,你的书面《答辩状》上都有,你现在就把你《答辩状》上用黑体字标出来的部分念出来就行,休庭后我们合议庭会仔细讨论书面《答辩状》的全部内容。这样能提高庭审效率。你说呢?”

估计老包原是准备跟法官硬顶的,但这位法官的话显然让老包失去了借力点。

老包愣了下,说:“那好,那我就把最最重点的地方重新说一遍，就像这位法官说的，只宣读黑体字标出的部分。”

只见老包翻到他的《答辩状》第一页，清了清嗓子，开始朗读：

“我认为小青不是本案适格主体，本案是不合法的诉讼。本案系不动产纠纷引起的诉讼，这已经得到了法院的认可，那么本案应为不动产物权纠纷。本案应适用物权法的规定，归纳起来一共有几点。

“第一，根据法律规定，诉讼的主体应有合法的诉讼资格，而根据我提交的证据可以显示，本案中的小青并不是真正的小青。在本案中的原告虽然自称是小青，但她说的自然情况不属实。形式上的原告，不具备法律规定的主体资格，当事人不正当，在实体上也不适格，与本案争议房屋的物权所有权确认之诉、给付之诉或其他民事法律关系均无直接利害关系；相反，倒是可能涉及损害国家利益、社会公共利益或他人合法权益的事实。因此，本诉不具备民事案件或起诉的条件，应该直接裁定驳回起诉。

“第二，小青在起诉书中说我和她之间是恋爱关系，那么这种关系是不受法律调整的。小青没有向法庭提交相关证据证明与本案诉争的房屋之间存在任何关系，所以本案不符合法院受理条件，没有起诉权。另外，我与小青之间不存在任何意义上的同居关系，她亦未起诉请求解除同居关系，形式上的本诉不符合民事案由规定，不属于人民法院受理民事诉讼的范围，不属于民事人身关系等调整范围，法院应裁定驳回。

“第三，小青在举证期限内不提交证据材料，视为放弃举证权利，她在举证期限内放弃了举证，她提交法庭的证据复印件不能作为证据使用，所以应当承担相应的法律后果。

“第四，根据约束性的辩论和处分原则，我针对、并只针对小青提出的诉讼请求及其性质、标的物和数量范围，予以反驳。依据形式上的小青主张的民事法律关系性质及其标的物或民事行为的效力、当事人的承认或拟制自认、已为人民法院发生法律效力和裁判所确认的事实，本诉均为因不动产纠纷提起的诉讼，本案标的也为房屋不动产，应适用且只能适用物权纠纷上的上位案由，至于因不动产纠纷提起的诉讼，由不动产所在地人民法院管辖。

“第五，自称是小青的原告，特定房屋不动产物权的所有权积极确认之诉及其给付之诉，均没有提供证据，也没有任何根据，并足以证明，既无任何事实和法律依据，而且显为实施诈骗的继续犯。

“第六，形式上的原告避重就轻，起诉状所谓更大的争执云云，实则其有违反法律的行为需要依法处理，并显为敲诈我、继续实施诈骗犯罪，牵连伪造、变造国家机关公文、居民身份证、高等院校学历等的继续犯。

“第七，纯粹在逻辑推理上，即使虚设形式上的原告曾基于债权关系有请求权，也明显超过了普通诉讼时效期间，更显无任何中止、中断、延长事由。”

老包突然停住，一时间法庭内十分安静。然后就听老包一字一顿地说：“综上所述，法院应当驳回小青的诉讼请求。”

我简直听傻了。就一套房子的事，老包居然攒出这么多说辞！

小青悄悄问我：“老包说的都是什么？我怎么一头雾水啊？”

我不知如何回答，只得默不作声。

审判长A愣了半天才回过神来，满腹疑虑地问："被告，我有个问题问你：'你说自称是小青的原告'，怎么，你对小青的原告身份还有质疑？"

"当然！"老包斩钉截铁的回答，"跟我认识的小青是1977年出生的，而《民事起诉状》上自称小青的人，《民事起诉状》上写得很明白，是1976年出生的！"

审判长A极力掩饰着不满情绪，口气严厉地问："被告，你好好看看，坐你对面的原告小青，你认识不认识？"

"身份证上的人，有可能跟真人一致，也有可能不一致。如果……"

审判长A直接打断老包："被告，听清法庭的问题，坐在你对面的原告小青，你认识不认识？直接回答！"

老包极不情愿地回答："认识是认识，可是身份证……"

小青几次想抢话，都让我拦住。平时开庭时就不能抢话，今天看这场面，法官也有些不满情绪，抢话就更容易自取其辱。

审判长A接着问："被告，那对面的原告小青，是不是与你一起签购房合同的小青？"

"是。"

审判长A立即转向小青："原告，从被告提供的证据上看，你的身份证复印件确实有出生日期不一致的问题，你把你现在的身份证原件交上来，"审判长A接过小青递交的身份证看看，问道，"你解释一下这是怎么回事？"

"我也不知道是怎么回事，以前的身份证就是那么登的，后来老身份证到期换新身份证，说什么要和户口本一致，就变过来了。两个身份证都没问题，都是公安局派出所发的。"

老包立刻抢话:“你什么时候出生的你自己还不清楚?这里面肯定有问题!”

审判长A连忙制止:“好了?都别说了!关于身份证的问题就不要再说了,原告当庭提交的身份证没有问题。被告,你要是还有异议,去找当地公安局进一步了解。公安局的身份证信息管理问题,不在本案审查之列。下面开始出示证据。原告,请出示你们的证据,注意:说明证据名称和证明目的。”

经过审判长A的强行纠偏,诉讼程序终于回到正轨。

半天没机会说话的我,开始发言。

“我们的第一份证据是存折。要证明的问题是:存折开户日期是2000年年底,户名是小青。

“我们的第二份证据是购房发票。其中包括定金发票2万元、购房款发票89.8万元,尾款发票10.2万元。要证明的问题:一是上述款项都是从小青的存折上划出去的;二是购房发票的付款单位名称是老包和小青,说明806房屋是老包和小青共有的。

“我们的第三份证据是银行转账凭证,进一步证明购房款102万元都是从小青的上述存折转到开发商账户上的。

“我们的第四份证据是《购房合同》,要证明的问题是:合同上的买受人是老包和小青,说明806房屋是老包和小青共有的。另外,806房屋的总房价是102万元。”

我抬起头对审判长A说:“举证完毕。”

我们的证据很简单,我认为也很说明问题。我真不知道老包怎么举出了那么一大摞儿的证据。

审判长A转向老包:“被告,对原告的证据发表质证意见。”

老包情绪很激动："原告的证据都是伪造的。存折上的钱都是我的，跟原告没有一点关系！"

小青终于按捺不住，未经允许就强行发言："胡说八道，你的钱怎么在我的存折上？银行存款早都实名制了！"

关于银行存款，以前相当混乱，随便什么人，到任何一家银行，编一个名字就可以开户。当然，像我等老实人，还是用自己的真名开户。那些钱款来路不正的人，比如贪官污吏等，就可能收受别人用假名开户的存折，存折上的钱款，知道密码就可以提取。

非实名开户引起的乱象还远不止这些。

2000 年 4 月 1 日，中国人民银行出台了《个人存款实名制规定》，个人再开户，必须出示身份证、户口本、护照等有效证件才能实名开户。

因为小青存折的开户日期在实施实名制之后，因此，小青的质问虽有抢话之嫌，却显得格外有力。

"原告，未经法庭允许，不得发言！"审判长 A 先是敲打小青一番，接着又转向老包，"被告，你说钱是你的，你的钱怎么不在你的存折上，却在原告的存折上？"

"我，我，这是别人打给我的钱，一共 120 万元，是我给别人进行业务指导后，别人给我的报酬，当时不方便打到我的存折上，就打到原告的存折上了，就是临时借原告的存折用一下。"

"被告，你说是你给别人业务指导后别人给你的报酬 120 万元。请问，你给别人进行了什么业务指导，能得 120 万元的报酬？"

看来审判长 A 是满腹狐疑。

120 万元，在现在也不是个小数，在 2001 年，那简直就是一笔巨款！要知道，当时北京北三环的房价才每平方米 5000 元上下。

老包欲言又止："就是在股票操作上给别人进行了专业指导，别人为报答我，给我一些酬劳。"

老包越说越急，脸都憋红了。

审判长 A 若有所思地听着，然后又翻看了一下案卷，继续问老包："被告，你在银行工作？"

"是，我在银行工作，是专门负责……"

"行了，与本案无关的事就不要说了，"审判长 A 喝止老包，接着又轻声地自言自语，"说着说着再把自己给说进去。"

审判长 A 重新把跑偏的庭审程序往回拽："第一份证据，就是这个存折，被告，关于存折的真实性，你有没有异议？"

"刚才我说了，那钱……"

审判长 A 打断老包："法庭问你存折真实性的问题。也就是说，这存折是不是银行的真实有效的存折？"

"是。"老包的回答极不情愿。

"第二份证据，就是购房发票，包括定金发票、购房款发票、尾款发票，"一直对着老包说话的审判长 A，突然转向我们这一方，"原告，法庭只看到这些证据的复印件，请向法庭提供原件。"

我答道："所有这些发票，还有《购房合同》，原件都在被告处，我们手里只有复印件。"

这些问题，我早就与小青仔细核实过，我是有备而来。

审判长 A 转向老包："被告，这些证据的原件是不是在你那里？"

“是，是在我这里。这些原件就是所有权的标志，谁持有谁就是所有权人。原告声称她是806房屋的所有权人，请法庭让原告拿出购房发票和《商品房买卖合同》的原件来支持她的说法。”

这老包，也不知真懂法还是假懂法，提的问题往往很是怪异。

审判长A不易察觉地皱了一下眉头说：“被告，听清法庭的问题。是法庭在主导庭审程序。你认可原告提供的发票和《商品房买卖合同》的原件都在你那里，那么你核实一下，原告提交的复印件与你手中的原件是否一致？”

老包回答：“一致。”

审判长A继续问：“原告提供的银行转账凭证，被告发表质证意见。”

老包说：“原告存折上的钱是谁的还没有说清，这个银行转账凭证就没有意义。”

审判长A问：“被告，你对这个银行转账凭证是银行出具的有没有异议？”

老包：“对这个没有异议，但是……”

审判长A说：“辩论意见在辩论的时候再说。”

审判长A接着宣布：“原告的证据质证完毕。法庭再次征询原告的意见：原告，被告当庭提交了很多证据，原告是否需要质证期？”

我已经抽空看完了老包提交的证据，可以说全都与本案无关，我不想再拖延时间：“我们不需要质证期，要求当庭质证。”

三位法官低声商议了几句，然后审判长A说：“现在已经十一点了，我们后面有一个庭。被告的证据也比较多，一时半会儿完不了。咱们再另安排时间开庭，双方有没有什么意见？”

我方没有意见。

“下周我要出国，大概得一个月的时间。要不就安排在这周，要不就一个月以后。”老包总是有问题。

我估计显然不行。不是我不行，而是法院不行，因为现在已是10月下旬，一周之后的一个月之后就已经接近12月中旬，估计12月20日之前结案就有困难了。

果然，审判长A先是明说不能拖那么长时间，然后征求各方意见。

现在法院开庭逐步人性化，知道大家年底忙，安排开庭日期时充分征求各方意见。

几番周折，大家都适合的时间竟然是今天下午两点半！

审判长A最后宣布：“那就定在今天下午两点半继续开庭！鉴于证据材料比较多，大家做好准备，可能五点半结束不了，大家就辛苦辛苦，今天争取把程序走完，”审判长A敲响法槌，继续说，“下面休庭，双方看笔录签字！”

（四）

出了东升法庭，小青犯了难：“现在都11点多了，我单位在南城，回去什么事都干不了，马上就得往这里赶。这可怎么办呢？”

其实我也有类似的问题。

如何打发这两个多小时的时间？

我突然灵机一动：“小青，你看这样好不好：附近有个‘田老师红烧肉’，咱们到那里凑合吃一顿，然后去清华大学逛逛好不好？这里离清华大学东门很近。”

“好啊！我还从来没进过清华大学的校门呢，这个主意不错！”小青很是兴奋，她犹豫了一下，接着说，“我车上有水果，中午我一般都是只吃水果，再说……还是你自己去吃，咱们等会儿集合，你看怎么样？”

看着小青一副欲言又止的表情，我突然想起她是回族，《民事起诉状》和身份证上都标注得很明白，可是我心里从来没有把时尚前沿的小青与少数民族联系在一起，我竟然邀她吃田老师红烧肉？太唐突了。我连忙说：“实在不好意思，我太失礼了，竟然完全忘记了。好，咱们1点在清华东门集合。”

清华大学的东门，总是熙熙攘攘热闹非凡。

我很快从人群中认出小青。她高挑的身材和超艳丽的装束在哪里都是惹眼的风景线，很容易识别。

东门外那块灰色花岗岩巨石，正面刻着“清华大学”，背面刻着“自强不息　厚德载物”，是人们争相摄影留念的绝佳背景。小青看着那块巨石，感叹道：“真气派！请帮我用我的手机拍一张。”

好不容易轮到小青站到那块巨石前，拍完赶紧走开，给别人腾地方。

我说：“实事求是地说，单就石头而论，还是华北水利水电学院的石头更气派。”

小青转过头用质疑的眼光看向我，我连忙补充道：“我说的是真的。你看这块巨石，其实是在混凝土基底上贴的花岗岩贴面。华北水利水电学院在郑州东面的龙子湖校区，门口的镇石，比这块要大不少，而且是一整块花岗岩。龙子湖校区里有很多造型各异的整块巨石，都是高年级校友赠送的。我去过不少大学闲逛，还真没有看到过一个学校里有这么多巨石的。”

小青点点头：“是太湖石吧？我母校也有老校友们赠送的太湖石，特漂亮。”

“不是。我们华北水利水电学院主要是搞大型水利工程的，因此那些巨石基本都是工程中开采出的花岗岩，还有的干脆就是工程中钻出的巨型岩芯，很有特色。”

小青转向清华校园，应付着说：“是吗？有机会我去看看。”

从清华东门向北看，第一感觉是气势雄伟。

“真是太壮观了，”小青由衷地赞叹，停了一下，她疑惑地问：“沈律师，我有些不明白，这门好像是冲南开的，怎么叫清华东门？是不是我弄错方向了？”

“你还真没弄错，这门就是向南开的，按说应该叫南门，可是就在西边不远处已经有一个南门了，那个南门虽然小，但是资格老，所以名字不能改。这个后建的南门，因为地处清华大学的东部，就只好叫清华东门了。不过好像也有问题，清华大学的东面以前是没有门的，中央工艺美术学院划归清华大学后，在清华大学的东面又开了一个门，那才是正宗的清华东门。这里的清华东门，现在常常被叫成清华正门。党和国家领导人来清华大学的时候，都走这个门，所以可能叫清华正门更合适。”

小青笑道：“清华大学学问就是大，连个校门都这么复杂。”

我和小青信步从清华东门向北走去。

远处巨大的主行政楼，正对着清华东门，连接清华东门与主行政楼的，是阔似广场的绿化带，绿化带两边是排列整齐的银杏树，银杏叶黄艳艳的，正在向世间绽放它们今年最后的美。

我们沿绿化带西边的步行道前行。我给小青做介绍："你看对面，绿化带东边那个楼是建筑学院。这个楼是逸夫技术科学楼，注意：是逸夫技术科学楼，而非逸夫科学技术楼。材料学院和航天航空学院在这里面。"

我和小青缓步走向主行政楼，小青不停地赞叹。我接着介绍："咱们这边，前面的是经济管理学院。身边这座楼，叫明理楼，就是我们法学院所在地，想当初我就在这里上学。这是我一生都值得大肆吹嘘的幸事。"

小青站定反复看了看，说："我说句实话你别不高兴啊！你们法学院的明理楼好像有些小，感觉不如对面的技术科学楼、建筑学院高大上。"

我笑了笑说："'所谓大学者，非有大楼之谓也，有大师之谓也。'"

小青转头看向我，脸上满是难以置信的表情。

"说真的，在清华的校园里，你遇到的每一位帅哥靓妹，都可能是某级别的高考状元；你遇到的每一位谦谦老者，都可能是某领域的泰山北斗，"我接着话锋一转，"当然了，极个别的时候，你也有可能碰到我这样的南郭处士。不过那比中彩票还难。"

小青的仰慕表情立刻转为大笑，她好不容易喘匀气才说："'男怕入错行，女怕嫁错郎'，你应该去说脱口秀。在法庭上整天正襟危坐法言法语的，估计把你憋坏了吧？"

眼看走到经济管理学院旁边。

小青停住脚步，说："我还是第一次在大学校园里看到这么气派的绿化带。清华大学就是牛，这么大的平地，硬是全都当成绿化带，要是别的单位，肯定早盖满高楼了。"

小青分明是在夸清华大学。我在这里上过学，我也自然而然产生了自豪感，于是颇为自得地说："整体看起来，还是不错吧？"

小青看看主行政楼，又看看对面楼群，看看这边的法学院、经济管理学院，说："整体上看，主行政楼就像是坐在审判台上的法官，两侧各学院的教学楼，就像是审判台两侧相向而坐的原告和被告，还有代理律师，中间的绿化带就像是原告席与被告席之间的间隔。"

这个脑洞大开的另类比喻我还是头一次听说。

不觉间已经走到主行政楼前。小青发问："沈律师，我听说清华大学好像与什么战争赔款有关，有没有这回事啊？"

"是，清华大学与庚子赔款有直接关系。其实，不光是清华大学，山西大学、协和医院等，都与庚子赔款有关。"

"沈律师，我虽说是文科的，可平时光顾着做生意，背的那些书早都全还给老师了。你给说说。"

我沉吟了半晌，才缓缓地说："那我就试试。要是有什么不对的地方，一定记住：我是理工出身，只是后来才喜欢历史，读过一些这方面的书。这些历史知识不是我的本行，有不到之处多多海涵。这有些像免费法律咨询，那些法律意见是仅供参考，做不得准的。"

作了足够的铺垫后，我说："咱们中学都学过，自鸦片战争以来，中国与西方列强签订了一系列不平等条约。"

小青接住我的话感叹："说实话，中学的时候，那么多不平等条约，背得我脑袋都快炸了，可是为了考试又不能不背，真是苦不堪言！就为这个我也痛恨丧权辱国的清政府。”

我笑了笑，说：“实际上那么多条约我也记不住。不过不平等条约虽多，最关键的不平等条约却只有三个：一是‘南京条约’，它是第一个不平等条约，也是中国走向深渊的开始。二是‘马关条约’，它标志着咱们中国不仅打不过英国、法国这些老牌资本主义国家，连我们一向有些瞧不上的近邻日本都打不过！三是‘辛丑条约’，这是赔款数额最多的一个条约，赔款额本金为4亿5千万两白银，基本相当于全国人民每人赔一两白银，另外还有高额利息，这就是有名的庚子赔款。‘辛丑条约’的赔款又叫庚子赔款，这与咱们国家纪年有关。”

小青接过话头：“中国古典纪年我知道，按天干、地支轮次往下排，六十年是完整的一轮。”

时尚前沿的小青居然知道这么中国的问题？我不禁转头望向小青，小青迎着我惊异的目光俏笑着说：“我近来正在学习国画，着了魔似的，国画的年代落款必须是天干地支，仲夏孟秋之类的。我整天都是甲乙丙丁、子丑寅卯来回倒，晕！”

“是吗？画画好，让人心静，”我继续我的话题，“甲午海战、戊戌变法、辛亥革命等都是纯中国式的叫法。‘辛丑条约’是1901年签订的，这是中国的辛丑年，但八国联军动兵是在1900年，目的是镇压中国北方地区的义和团运动。1900年是中国的庚子年，因此1901年签订的辛丑条约赔的钱，又叫庚子赔款。”

“听你这么一说，我好像想起来了，中学背的，还都有印象。我现在平时只顾着生意上的事，真是说来惭愧，”小青若有所思地点点头，“那庚子赔款跟清华大学的关系——”

“庚子赔款数额实在是太过庞大,最终这个负担还是要转嫁到普通百姓身上,这一点大家都心知肚明。后来美国政府拿庚子赔款拿得有些不好意思了,在各种机遇的促成之下,美国政府准备退还部分庚子赔款,可又怕直接退钱,钱会让各路官员截留,于是不直接退钱,而是用钱在中国办预科班,成绩合格的到美国留学。前期预科班中,最为著名的学生就是梅贻琦和胡适。1911 年,这个预科班正式命名为清华学堂。这就是清华大学的由来,清华大学成立也是从 1911 年算起。现在清华大学的百年校庆正在筹备之中。”

“沈律师,你刚才提到两个人物,胡适我当然知道,还有一位是——”

“是梅贻琦。梅贻琦先生可以说是将毕生都献给了清华大学。他是担任校长时间最长的,而且台湾地区的‘清华大学’也是他创办的。对了,刚才我的那段大师论,就是梅贻琦先生的原话。”

小青慢慢地点点头:“好像鲁迅先生的文章中提到过他。”

“是吗?我还真的记不清了。据说梅贻琦先生生性严肃,说话总是留有余地。但是学生淘气,把梅贻琦先生常说的口头语编排成打油诗,这个打油诗是这样的:

“大概或者也许是,不过我们不敢说。

“可是学校总认为,恐怕仿佛不见得。”

小青忍不住笑了:“在我印象里,清华的学生都是性情古板不苟言笑的理工男,怎么成段子手了?”

“清华大学的理工男形象是新中国成立后才逐步建立起来的,其实,以前清华大学的文科很是厉害。你想,朱自清、闻一多等都在清华大学教中文,这文科能差得了吗?”

“朱自清？写《荷塘月色》的朱自清？我怎么一直认为朱自清是北京大学的啊？”

“还真不是。你想：朱自清朱自清，听名字就是出自清华大学的，”我也忍不住借题发挥，“不过说真的，《荷塘月色》中的荷塘，就在二校门西北不远处。二校门那边的清华早期建筑，被列为全国重点文物来保护，周围还有荷塘月色亭、工字厅等。可以说，这里的行政主楼建筑群是清华大学的脸面，而二校门那里则是清华大学的灵魂！”

我看看手机，时间已不富裕。

于是我说：“到二校门走过去再走回来时间已经来不及了，建议你有机会去二校门那里去看看。现在咱们还得回去开庭。‘诗和远方’必须要给‘眼前的苟且’让路了。”

（五）

大家再次到法庭各自落座。

从美丽的清华大学回到严肃的法庭，一时不太适应。

审判长A见人已到齐，敲响法槌：“下面咱们继续开庭。上午原告方的证据已经质证完毕，下面开始对被告的证据进行质证。”

“被告提供的证据较多，先由被告一并说出证据名称、证明目的，然后由原告统一进行质证。被告，开始吧！”

西装革履的老包开始发言：“我的第一组证据，是关于原告身份的证据。其中第一部分是IP探索者身份证号码查询单，北京市绿岛机动车驾驶服务中心学员证，上面载明的小青均是1977年7月14日出生；第二部分，有鲁山县公安局常住人口登记表，鲁山县下沟镇人民政府证明，鲁山县公安局下沟镇派出所户口证明，证明其中的小青为1976年7月8日出生；第三部分，是北京大学第三附属医院的门诊手册，就是那次刑事案件里的门诊手册，载明小青是1976年8月7日出生。”

审判长A问老包：“这些证据，你要证明什么问题？”

“我要证明的问题是：坐在对面的原告不具备原告的主体资格！”

老包的这些证据，能不能证明他要证明的问题倒在其次，收集这些证据可是真下了苦功夫了。

审判长A问：“这问题上午不是说过了吗？怎么能证明原告不具备原告的主体资格？坐在你对面的小青你不认识吗？”

老包满脸不悦之色：“人民法院怎么能不让人民说话呢？”

审判长A：“不是不让说，是与案件不相关的事情就不要说了。”

老包不慌不忙地说：“我认为这些就是与案件有关。”

审判长A又吃了个软钉子。

我暗自幸灾乐祸。律师说话跑题，法官有的是应对措施。可是当事人说话跑题而且态度坚决，法官却往往显得办法不多。

老包信马由缰地往下说，从他与小青怎么认识，到小青不愿意生孩子，再到小青在他朋友面前不给他面子，以致两人争吵等。

三位法官数次纠偏，但收效甚微。

我那份幸灾乐祸的快感早已消失，取而代之的是烦躁不安。不过见法官都忍着，我也就只能忍着。

小青几次想出言反驳，但根本插不进话。

终于，老包说到了一个段落，暂时停了一下，小青刚想说话，审判长 A 抬手制止，竭力掩饰着厌烦的情绪，问老包："被告，你说这些与本案有关，法庭也尽量尊重当事人的话语权，让你说。那么现在法庭问你，你说的这些与本案有什么关系？"

老包理直气壮地说："当然有关系！就是因为如今的状况全是因为原告造成的，所以原告根本没资格来要 806 房屋！"

几位法官面面相觑，不易察觉地相视苦笑。

审判长 A 转向我们："原告，对被告的证据发表质证意见。"

我说："所有这些证据都与本案没有关联性。其中的复印件，真实性我们不认可。"

审判长 A 转向老包："原告说《商品房买卖合同》和所有购房发票的原件都在你手里，带了吗？"

老包极不情愿地找出《商品房买卖合同》和所有购房发票的原件，说："这些与本案无关。另外还有物业费缴费发票、水电费缴费发票，上面户主栏目中只有我的名字，没有别人的名字。这充分证明我是 806 房屋唯一的户主、唯一的产权人。"

我接过审判长 A 递给我的上述材料：其中《商品房买卖合同》和所有购房发票与我们持有的复印件完全一致。

在审判长 A 的示意下，我发表质证意见。

"《购房合同》和所有购房发票与我们持有的复印件完全一致，认可其真实性，这些证据中，买受人写着老包和小青两个人的名字，证明 806 房屋是两人共有的。

"而物业费缴费凭证和水电费缴费凭证，认可其真实性，但是认为与本案没有关联性，其上关于户主的表述并不能证明房屋产权归属。"

审判长 A 发言:“下面法庭询问:806 房屋的现值,双方能不能确认?”

我一直紧紧盯着老包的庭审发言:他始终在要求法院驳回小青的诉讼请求,却从未明确索要 806 房屋,哪怕连近似的要求也没有。

因此我确信:806 房屋应该会判给小青。

我赶忙打起精神,关键时刻到了。我静下心来,再理一理思路:毫无疑问,806 房屋是老包和小青共有的,因为《商品房买卖合同》上买受人记载的是老包和小青的名字,最后部分及骑缝部分也都是老包和小青分别签的字。

在确认 806 房屋判给小青的情况下,接下来的问题就是:小青要给老包财产折价款。

财产折价款数额理应是房屋价款的一半。

这样,房屋总价越低就对小青越有利。

这 806 房屋是 2001 年买的,在北三环附近,房价只有 5000 多元一平方米,现在? 堪堪 2 万元了。

因此,我的结论是:不评估 806 房屋的价值,就按购买价 102 万元来认定,对小青最有利,对老包不利。

只是,律师费是按标的额收取的,按 102 万元认定 806 房屋的价值,我的律师费就没有增加的理由了。不过,想起老包提管辖异议我就不爽,尤其是第二次的管辖异议,客观上利用了我对法院的善意,我更是气不打一处来。现在有机会能让老包不爽,我很爽。

经过慎重考虑,我回答:“我们认为 806 房屋的价值是 102 万元。”

审判长 A 转问老包:“被告,原告称 806 房屋现在的价值,就是原来买房时的价值，你什么意见？”

老包一脸的不耐烦：“我认为这房屋现价多少钱跟这个案件没有任何关系，它值多少钱也是我一个人的。”

审判长A：“被告，有没有关系是法院来认定的。你直接回答法院的问题：原告认为806房屋的现值是102万元，你有没有意见？”

老包不悦地看了审判长A一眼，说：“没意见。可是，我认为……”

“行了，被告，法庭问你什么你回答什么，”审判长A打断老包的话，“法庭再跟双方确认一下：双方是否都认可806房屋的现值是102万元？双方是否都不申请评估鉴定？原告？”

事关重大，我踌躇一番，说：“审判长，我和原告单独出去商量商量，请法庭准许。”

“可以。”

这种要求，法官一般都允许。

在法庭外的狭窄过道里，小青不解地问我：“沈律师，我不明白，这是什么意思啊？”

我略过心中那些上不了台面的杂念，说道：“注意，现在是你要求要806房屋，老包并没有提出要806房屋的要求，因此基本上806房屋会判给你。806房屋如果判给你，你就得按806房屋价值的一半给老包财产折价款。806房屋现在的价值肯定比买的时候高许多，认可当初的购买价，你付出的财产折价款不就少吗？”

小青微低着头在沉吟思考。

我又补充道：“从另一个角度来看，我们律师是按争议标的额的固定百分比收律师费的，争议标的越高实际对我们律师越有利。806房屋的价值要是低,实际上对律师不利。我建议认可806房屋的低价,完全是为了维护你的利益。”

小青抬头看着我说:“沈律师,我相信你,就这么办!”

我和小青回到法庭落座,然后我说:“我们商量了,我们的意见是:不申请评估鉴定,806房屋的现值就是当时的购买价102万元。”

审判长A转向老包:“被告,你是否申请对806房屋的价值进行评估鉴定?”

“不申请!”老包的态度很是干脆,“我自己的房屋还鉴定什么?我又不卖,有什么意义?”

审判长A继续发问:“法庭继续询问:806房屋现在谁在住?原告本人回答。”

小青:“原先是我和老包一起住的,后来闹矛盾我就暂时在外面租房子住,但是我的东西还都在806房屋,我也时不时回去拿东西。”

“人家法院问的是现在,现在就我一个人在那里住。”老包不等审判长A允许便抢着说。

审判长A:“被告,法庭多次强调过,未经允许不得发言!下面法庭继续询问:原告,假如,我是说假如,806房屋要是判给你,你是不是愿意给被告财产折价款?要是愿意给的话,给多少钱?”

我和小青悄声商量了一下,我对着审判长A朗声回答:“我们愿意给被告财产折价款,虽然这806房屋是我方单独出资,但我们认可806房屋是共有的,我们愿意按806房屋价值的一半给被告财产折价款。具体地说,我们愿意给被告财产折价款51万元。”

我特地强调806房屋是小青单独出资，就是想让老包不爽。

老包怒不可遏地站起来："什么就是你单独出的钱？你怎么胡说？张口就胡说？"

我看都没看老包，还是对着审判长A说："请问法庭管不管？"

审判长A实在忍不住，用力敲响法槌。东升法庭的审判庭大多很小，我们现在的法庭也不例外。法槌声在空间大的法庭里敲，声音清脆威严，可法槌在空间小的法庭里敲，声音就有些刺耳了。

"被告，法庭再次请你注意法庭纪律！"审判长A声情严厉地说完，停顿了一小会儿，见老包不再出声，便恢复正常语气询问，"被告，请你听清楚，我是说假如：假如806房屋判决归你，你愿意给原告多少钱？"

"这房子本来就是我的，我自己的房子当然应该归我，我不会给原告一分钱！"

我注意到，审判长A面露不悦之色。而上述回答则让我心中暗喜：看来，806房屋判给小青已成定局。虽然我的代理费少了，但是诉讼在朝着我预想的方向发展，职业满足感油然而生。

众所周知，律师是没有工资可领的，各种费用支出都要律师自己掏钱，律师事务所不仅不给律师发工资，每年还要向律师收取费用，甚至律师协会每年也要向律师收取费用，就连各种保险费用，也都是律师自己出的，律师事务所只是代缴，而律师收入的唯一来源就是代理费。

因此，赚钱是我当律师的重要目标。

但赚钱并不是我当律师的唯一目标,有时律师的那种职业满足感,是拿钱换不来的。

很快,审判程序接近尾声。

审判长A宣布:“法庭调查结束,下面进行法庭辩论。原告先发言。”

以我执业这么多年的经验来看,这个案件的审判结果不会太意外:806房屋是共有,806房屋归小青所有,小青按房价的一半——51万元给老包财产折价款。

我也知道,还没出判决书,不应多想结果。于是,我收回我纷飞的杂念,集中精力说:“虽然购房款是我方全额出资的,但是806房屋是共有的,我方依旧确认这一点,因为《购房合同》上的买受人写的是小青和老包两个人的名字。我方要求806房屋判归我方所有,我方给对方房价款一半的财产折价款,具体而言也就是我方给被告51万元。我方的诉讼请求,符合法律规定,请法院支持我方的全部诉讼请求。”

“被告,发表你方的辩论意见!”

老包情绪激动地说:“806房屋就是我的!《商品房买卖合同》上虽然写两个人的名字,可这房子就是我一个人的,物业公司就向我一个人收物业管理费和水电费,发票上写的也是我一个人的名字。我不会把房子分给任何人,也不会给任何人一分钱!原告在806房屋住了这么长时间,我还考虑要起诉她要居住费呢!”

小青闻听此言,实在忍不住,突然站起,审判长A赶紧示意让她坐下。

审判长A:“第一轮辩论结束,双方有没有新的辩论意见?重复的就不要说了。原告?”

本来，我觉得已经没有什么可说的了，可最终还是决定说几句，目的仅仅是想更保险一些："针对被告的辩论意见，我做如下补充：《购房合同》才表示所有权的归属，物业费缴费凭证、水电费缴费凭证等都与所有权没有直接关系，被告以这些来确认所有权归属，没有法律依据。"

"物业费、水电费能随便收吗？得向房主收，房主就是所有权人，这是公知常识，人皆尽知的！"老包越说越激动，"任何人都否认不了这一点！"

审判长 A："双方的辩论意见法庭都听明白了，还有没有新的意见？"

我回答："没有了！"

"我还有意见！"老包一副不依不饶的样子，"这房子是我的，原告在这房子里住了那么时间，却没有支付任何费用，我保留起诉原告索要房屋使用费的权利！"

小青闻听此言，突然又站了起来，脸色怒红，却说不出话。

审判长 A 连忙示意小青坐下，然后对老包说："被告，你要另行起诉那是你的权利。本案你还有没有新的辩论意见？说过的就不要说了。"

老包还是七个不服八个不愿意的劲头。

审判长 A 见状，拦住老包："双方的意见法庭已经听清。如果双方还有什么新的辩论意见，可以庭后提交书面意见。"

接着，审判长 A 宣布："法庭辩论结束。下面进行最后陈述。原告？"

我回答："坚持我们的诉讼请求。"

"被告？"

"我就是想说，人民法院要为人民……"老包话匣子又要打开。

“被告注意，最后陈述就是你的最终意见，”审判长 A 又连忙拦住老包，“这样，法庭问你，是否坚持你的答辩意见？”

“那我庭后提交书面意见吧！”

审判长 A 再问：“可以。双方如果有书面意见，在庭审结束后五日内提交。庭审程序已经结束，法庭征询双方的意见：有没有调解的可能？毕竟，现在提倡构建和谐社会，调解也是大趋势。原告，说说你们的意见？”

我和小青低声商议了一下。这个法庭太小，想要私下里说些什么很不方便。

简要商议后，我让小青说。毕竟，这是当事人自己处分权利，由当事人自己说更为合适。

小青早已恢复平静，朗声说：“我愿意按房价的一半 51 万元给老包财产折价款，另外，我预交的诉讼费，也全由我出，我不再向老包要了。财产折价款 51 万元我在 15 天之内就可以全部拿出来。”

审判长 A 说：“原告还是有调解意向的，关于诉讼费，立案的时候按简易程序只收取了一半，现在已经转为普通程序。如果调解成功，那一半的诉讼费就不用补交了。被告，你什么意见？”

就听老包斩钉截铁地回答：“不调解。请人民法院为人民做主。”

审判长 A 见此情形，只得宣布：“鉴于一方当事人不愿调解，法庭不再主持调解工作。下面闭庭，”话音未落，审判长 A 敲响法槌，“双方看笔录签字！”

接着，三位法官退庭，留下书记员和我们双方。

书记员把打印好的笔录交给我，因为我们这一方是原告。

身为执业律师，我知道庭审笔录哪里重要，丝毫不能马虎；我也知道哪里不重要，根本不用计较。所以我看笔录很快，见没有什么问题，便逐页签字，最后一页签字写日期——这是海淀法院的要求，也是绝大多数法院的要求。然后我让小青也如此做。她作为当事人出庭了，每一位实际出庭的当事人及其代理人都要在开庭笔录上签字。

我把签好字的笔录交给书记员，然后与小青各自收拾东西，准备离开法庭。

不料，从书记员手中拿到笔录的老包，刚看了一下，就跟书记员说："书记员，这里笔录有问题，刚才他们不是这么说的。"

书记员看了看，说："那是原告说的，你别管。你就看自己说的。"

老包不乐意了："法庭就应该如实记录双方的法庭发言，原告当时是说'《购房合同》'，但是却笔录记成'《商品房买卖合同》'了，还有，原告说'物业费缴费凭证'，'水电费缴费凭证'，但笔录上却给记成'物业费缴费发票'，'水电费缴费发票'了，我要求改正过来，这有什么问题吗？"

书记员一时语塞。

仔细回想，老包说的还真没错，笔录与我当时说的确实稍有差异，但这绝对不会产生任何歧义，在我看来老包纯属故意。

书记员无奈之下，只得说："那这一页我重新打印，原告签字后就可以走了。"

老包却不答应："这近二十多页的笔录，我随便一看就发现问题了。这一页改完原告走了，那后面还有记错的地方，怎么改啊?”

我愣住:这种情况,我当了这么多年的律师,还是第一次遇到!这二十多页的笔录,照老包这种看法,那还不得看到天黑?

但我又不愿与老包说话,于是我对书记员说:“书记员同志,笔录我们也看完了,也签字了,我们得走了,我自己还有别的事。”

这个要求合情合理,书记员刚表示同意,老包不干了:“那不行,后面要是还有记错的地方怎么办啊?”

我恨得牙痒痒,却也不愿额外惹事,便示意小青一起走。

书记员喊住我,一脸难色地说:“这情况你们也看到了,就有劳你们再等等,配合一下法院工作,”然后她转向老包,“这么多人等着你,你快点看,给你二十分钟,你把要改的地方都标出来,重新出笔录!”

身为律师,能遵从法院的时候,我都尽量遵从。

于是,我告诉书记员我们到法庭外等候二十分钟。

这狭小的法庭,七个人待了那么长时间,有些让人透不过气的感觉。

法庭外僻静处。

小青问:“沈律师,我怎么觉得法官,包括书记员,都有些怕老包啊?他说什么法院都许可。”

“估计法官们是不想把问题激化,所以能满足老包的尽量满足。”

“那老包气势汹汹的,经常把法官都噎得说不出话来,是不是老包占优势啊?”

“你记住:打官司不是打架。谁声音高并不代表谁有理。

法官是根据证据和双方诉求来判案的。”

“沈律师，那你觉得这案件会怎么判？”

当事人经常会在判决书出具前问类似的问题，这些问题通常都让律师很难回答。但这次是个例外。

“律师不是巫师，只能尽量为当事人争取，却不能预测未来结果会怎样，”见小青点头称是，我又接着说，“不过，这个案件，我大概分析一下，你的诉讼请求是要806房屋，你给老包一半的财产折价款。而老包的答辩意见是驳回你的全部诉讼请求。

“现在，806房屋是你与老包共有的，这一点毫无疑问。那么，法院是怎么判案的？就是当事人自己先提出明确的诉讼请求，然后法院根据证据来选择支持或者驳回诉讼请求。事实上，法院就是在做选择题。”

稍微停了一下，我给出我的看法：“因此，大概法院会支持你的全部诉讼请求，不过我也不敢说一定就会这样判，可是我总认为，老包都没有提出要806房屋，也就是说给法院的选择题里没有把806房屋判给老包的选项，法院恐怕不见得会自创一个选项，把806房屋判给老包吧？”

小青用惊奇的眼光打量着我：“刚才你说你们清华大学的梅贻琦校长，学生是怎么编排他来着？‘大概或者也许是，不过我们不敢说。可是学校总认为，恐怕仿佛不见得。’你怎么也成这种口气了？”

正说话间，书记员叫我们进法庭重新签笔录。

（六）

三周以后，书记员给我打来电话：“沈律师，小青诉老包的案子，判决出来了，明天上午到法院来领判决。另外，咱们这案子不是按简易程序立的案吗？还要补交诉讼费，明天上午你到法院后，我把诉讼费的交费通知单给你，你交完费后到海淀法院本部换完票，就可以领判决书了。”

我对本案早已有了自己的预测，这下就更像吃了定心丸。

一般而言，对朝阳法院、海淀法院这类不差钱的法院来说，这种由简易程序转为普通程序的案件，需要补交诉讼费的，除非早就补交了，临到领判决书时再让补交诉讼费的，通常对原告有利。而判决结果对原告不利的，法院通常不再让原告补交诉讼费，不想惹闲气。

我没有将明天领判决的事告诉小青。

很多当事人反映：凡是第二天领判决书的，当天晚上一晚都在猜测判决结果，根本无法入睡。

第二天一早，我到东升法庭，顺利拿到诉讼费交费通知单，又到海淀法院北面的农业银行排了半天号——诉讼费可以到任何一家农业银行缴纳，但是海淀法院北面的这家农业银行有诉讼费专用窗口[1]，算等候时间少的。然后我又进海淀法院去排队换票。忙完这些，已十点多了，急忙赶往东升法庭，到东升法庭，堪堪11点，还好，书记员还没下班。

我先签送达回证，再签宣判笔录。按说应当先看完判决，再签宣判笔录，因为当事人在宣判笔录中要表个态：是否上诉。

我不知道这个表态有多大作用？要是说上诉还好办，十五天答辩期内可以提出上诉即可，过期不候。但是假如在宣判笔

〔1〕 现在海淀法院像很多法院一样，里面专门设有农业银行的诉讼费收费窗口。

录中写明“不上诉”，在领取判决书后法定的十五天答辩期内再上诉到底成不成？

当然，作为执业多年的律师，我们都有一个“以不变应万变”的宣判笔录签署方式，那就是写明“回去考虑”，再签上姓名日期即可。

办完一切手续，我走出东升法庭，直接翻到《民事判决书》的最后，看最后的判决结果。虽然我心中早已预测出判决结果，并且十拿九稳，但还是要看到真正的判决结果才算坐实。

“啊？这怎么可能？”

我揉揉眼睛再细看，没错，判决结果与我的预测截然相反！

2009年版一审《民事判决书》判决结果如下：

1.806房屋归老包所有。

2.老包于本判决生效后10日内一次性给付小青财产折价款人民币51万元。

3.驳回小青其他诉讼请求。

我彻底看清楚了，却完全看糊涂了。

很多案件，即使是输，我也能有隐约的预感，如此与我预测内容截然相反的判决结果，在我的记忆里，这还是第一次遇到。而且在各种法律程序进行的过程中，我甚至没有看出完全败诉的苗头。

这是对我执业信心的巨大打击。

这《民事判决书》的其他内容，我一时不敢看，因为我知道，那全都是说明为什么这样判的理由，换句话说也就是否定我预测结果的全过程。

已近中午,可我完全没有吃饭的心情。

我开车进了清华大学,需要静一静。清华大学东面的美术学院,有大片空地,我停下车来仔细想。

现在明摆着的事实是:我预测806房屋会判给小青,小青给老包51万元的财产折价款。判决结果却是:806房屋判给了老包,老包给小青51万元财产折价款。

那么,我当初预测的依据是什么?

我的依据就是:小青明确提出要806房屋,并给老包财产折价款的诉讼请求。而老包,说了那么多,其最终的答辩意见是:驳回小青的诉讼请求。

整个庭审过程我记得很清楚:老包从未提出过要806房屋,这也是我没有提出房屋价值评估鉴定的依据。

单凭记忆是靠不住的。

于是,我艰难地翻开《民事判决书》,标准判决书由四部分组成:“原告诉称”“被告辩称”“经审理查明”“本院认为”。我直接找到“被告辩称”部分。

“被告辩称”部分很长,老包那些闪烁其词的理由都有,最后是“故法院应判决驳回小青诉讼请求”。

按《民事判决书》的记载,老包没有提出“806房屋判给老包”的请求。

那么,法院判806房屋归老包,就是非常明显的错误——超判。我当初的预测没有错误。

让我情感上更加接受不了的是:从现象上看,我方才是应当得到法院同情的一方。因为法院要求我方撤诉重新立案,我方照做了,客观上给了老包再一次提出管辖异议的机会;书记员让作为原告方的我们签完笔录后还要等被告方老包看笔录,我方也同意了。总之，可以说在尽可能的情况下，我方是积极配合法院工作的一方。

反观老包，处处在跟法院较劲。明知管辖没有问题，还千方百计一有机会就提管辖异议并上诉，开庭时自行其是不听法官规劝。按说老包是招法官烦的那一方，但判决结果受伤的却是我们这一方！

抛开一切，仅仅从法理上看，本案也绝对应该上诉。

但是，现在摆在我面前的问题是：小青愿不愿意花上诉费上诉？更为严峻的问题是，即使小青选择上诉，她还会不会委托我？北京的律师那么多，小青选择的机会很多。

我很想劝小青上诉，并且，我也很想做这个案件的二审律师。

今天拿到的《民事判决书》，从明天开始计算有十五天的上诉期。

我决定：今天先认真做好与小青谈话的计划和必要的准备工作，然后明天再把小青约到我们所详谈。我深知，如果这次谈话说服不了小青，那么就不可能再有第二次的机会了。

与小青谈话的计划分两步走：第一步：劝小青上诉；第二步：上诉还是委托我。相比之下，第二步对我才有更为实际的意义，也更为艰难。

体育比赛中，球队成绩不好，最常见的措施就是换教练。诉讼案件中，诉讼结果不好，最常见的措施就是换律师。

看足球比赛，经常能听到"留给中国足球队的时间不多了"。

这次，成了留给我的时间不多了。

当执业律师多年，早已见惯诉讼中的各种胜胜负负，"吃不下饭，睡不着觉，笑不出来”的人生三大难题已然离我而去。但是今天，估计人生三大难题会同时造访。我还要着手解决这个现实问题，否则明天精神状态不好，就更没有成功的机会。谁也不会把自己的事情托付给精神萎靡不振的人。

现在将近下午一点。

我给我华北水利水电学院的同学山东麻雷打电话，得知他在北京，便告诉他今天我请客，让他定酒店，再叫几位同学。

山东麻雷问：“谁来北京了？”

一般而言，除非过年过节，同学聚会都有个理由，其中最常见的理由就是：有同学来北京了。

“没有，没谁来北京，我就是想跟大家喝酒了，”我想了想，又补充道，“只叫男同学参加。”

山东麻雷欲言又止：“不叫女同学？……不会是你和房工……”

房工是我媳妇，我们都是同班同学。我知道山东麻雷想说什么。

“没有的事，别瞎猜。我是怕有女同学在场喝酒喝不痛快。”

“那我就放心了，我是生怕你俩有事。”

我写好《民事上诉状》，做好明天所有的准备工作，已是傍晚时分。

我赶到酒店的时候，山东麻雷、内蒙老吕正在酒店包间聊得热闹。

同学见面备感亲切，山东麻雷说：“东北庆国出差来不了，他们南水北调正是最紧张的时候。”

意料之中。

东北庆国没来，我自然而然就成了酒桌上最矮的那一个，同时也是酒量最小的那一个。

几轮酒喝过，服务员按照我们的吩咐带上门出去了。

内蒙老吕让我讲讲近期案件趣闻："本来我下午要去呼和浩特，听说你请客，我想机会难得就改明天走了。你的行当我们几个都觉得很有意思。"

"今天实在太累，就别让我摆乎案件了。虽然咱们现在的行业有所差别，可咱们的老本行都是水利工程。'新闻联播'里有句经典名言：'就共同关心的问题广泛交换意见。'我有个提议：我看我们不如听山东麻雷讲讲水利工程上的事情吧！这是我们共同关心的问题，比如，现在最热门的南水北调工程。"

山东麻雷在水利部任职，我把话语权推给他。

山东麻雷问我："房工不就是南水北调的吗？她就没给你系统介绍过？"

"还真没有，他们的工期很紧张老是加班，根本没有闲暇给我普及南水北调的知识，况且她是北京南水北调的，就管南水北调北京段，全方位的南水北调工程，我估计她也不熟。我想认真听听全面的南水北调工程。"

"那山东麻雷就讲讲吧，水利部的全盘掌握南水北调，我也想听听，"开监理公司的内蒙老吕说着说着突然停住，转头问我，"你不会是又想改行回到水利工程吧？"

我连忙否认。

不过说实话，这个想法我并不是没有。毕竟，我走出大学校门就是干水利工程，而且一干就是十年。现在做梦居然偶尔还会梦到水利工程。有时我甚至不能确认：1999 年我极其侥幸地蒙过律师资格考试，就从工程师突然改行当律师是不是明智之举。

但我也深知：再不回去了。别的不说，干工程最最需要的团队精神，在我身上早已踪迹全无。现在的我，已经完全是“别人管我我嫌烦，我管别人我嫌累”的状态了。

山东麻雷笑了笑，说：“你们拿我寻开心！不过我倒愿意一试。身为水利工程师，虽然没能参加南水北调工程，可是能够见证南水北调工程，也算是幸事一桩。”

就见山东麻雷把筷子往桌上一拍：“闲言碎语不要讲，表一表咱南水北调好风光！”

这段山东快书立刻博得满堂彩。

山东麻雷又改回他的鲁味普通话：“话说我们国家，总的来说是南方水多北方水少。调南方水到北方，构思由来已久。南水北调共分三条线路，分别是东线、中线、西线。其中东线、中线正在进行当中，西线还在论证阶段。

“咱们单表南水北调中线。按照规划设计，南水北调中线是引丹江口水库的水，沿途惠及河南、河北，最后到北京。起点设在河南省南阳市的陶岔，终点设在北京市的团城湖，全长1432公里，总干渠沟通长江、淮河、黄河、海河四大流域。丹江口水库到北京团城湖只有100米左右的水头[1]，丹江水就利用这100米左右的水头实现全程自然流动，实在是了不起的工程奇迹。东北庆国讲话：南水北调工程影响如此之巨大，将来完工后，中华人民共和国的地图上肯定会有相应标识的！”

---

〔1〕 水利工程中说的“水头”，是指上游水的水面至下游水的水面之间的高差。另外，北京团城湖的水位变化很小，但是丹江口水库的水位会随着季节和降雨量的变化而产生较大变化，因此丹江口水库到北京团城湖的水头并不是固定的数字。

见我们听得入神，山东麻雷说得就更加来劲："我以前是搞设计的，我就从设计的角度说说南水北调工程……"

我的经历特殊，故乡的概念淡薄，取代故乡带给我亲切而不能回去的感觉的，就是我的老行当水利工程了。

羁鸟恋旧林，池鱼思故渊。

我极其投入地听着山东麻雷关于南水北调工程的概述，心中默默回响着费翔的"故乡的云"，一切不快暂时全都抛到脑后。

我确信："吃不下饭，睡不着觉，笑不出来"的人生三大难题，今天不会再是难题。

（七）

我自己的事情必须自己面对。

第二天下午，我提前到所里等候。

按照约定，小青半个小时以后到。

我又仔细推想与小青的谈话过程。

律师在执业时，要经常与当事人打交道，包括对方当事人和自己的当事人。在我看来，与对方当事人——当然也包括对方律师——打交道容易，基本只管找对对方不利的话说即可。最难应对的是自己的当事人：话说得太满，往往事后打脸；但话说得太保守，估计连事后打脸的机会都没有，当事人会直接离去，找别的律师去了。

据说成功的律师都是营销大师，最擅长的就是与自己的当事人打交道。而这恰恰是我的短板，我一般都是直来直去不讲究方式方法。今天情势所迫，我不得不尝试运用些许技巧来实现两个目标：力劝小青上诉；让小青在上诉案中仍然委托我。

正胡思乱想间，听动静，是小青来了。

所里的前台值班员把小青带进来后离开。

小青依然高，俏。

礼貌性地相互问候坐下之后，小青问："沈律师，你约我来，到底是什么事啊？"

"是一审的《民事判决书》下来了，结果不理想。"

我把《民事判决书》递给她。

小青接过《民事判决书》，从头开始看。

我提醒道："别的内容可以慢慢看，你先翻到最后直接看判决结果。"

小青一向优雅迷人，似有似无的笑意常挂在她脸上。

眼看着，她的脸色由晴转阴。

即使美艳如小青，沉下脸来，那脸色也够一瞧的。

"沈律师，你不是说老包没有主张要房子，房子会判给我吗？"

我预想过她会这么问，因此有所准备。但饶是有所准备，内心还是免不了尴尬。

"是的，我是说过这话。也正是基于这个预测，一审没有申请进行房屋价值评估鉴定，"我竭力控制住情绪，尽量心平气和地接着说，"直到现在，我还是认为我的预测是符合法律规定的，没有问题。有问题的是一审法院的《民事判决书》。"

"《民事判决书》错了？这盖着法院红章的《民事判决书》错了？"

小青满腹狐疑。

看得出来，小青慢慢积累起来的对我的信任感，一瞬间几乎已被盖红章的一纸《民事判决书》完全撕碎。

我知道，仅凭我个人是很难与盖着海淀法院红章的《民事判决书》抗衡的。

我拿出早已准备好的2009年版的《国家司法考试法律法规汇编》。

当律师这么多年，我一般都是向当事人口述法条，以暗暗显示我的业务熟练。如今事急从权，顾不得颜面问题，只得照搬书本，以证明我的话其来有自。

"我不是说一审《民事判决书》错了，我的意思是，一审《民事判决书》有问题，问题在于它不符合法律规定。对与错是人们的主观评价，而不是客观标准。你可以不相信我，但是请你相信法律。

"我先稍微解释一下：法院实行两审终审制，这本身就说明一审判决书并不是百分之百可靠，否则就没有必要设置第二审的程序了。两审终审的意思是说，案件最多经过二审判决，就已经生效了。但是，'生效的判决'不能与没问题的判决完全画等号，尽管大部分情况下能够画等号。如果生效判决确有问题，如何纠正？《民事诉讼法》里有专门的篇章用来纠正生效法律文书中的问题。

"你看，这是《民事诉讼法》，2007年刚修正过，现在正在用。第十六章是'审判监督程序'，是专门用来纠正生效法律文书的问题的。其中第一百七十九条[1]是这样规定的：当事人的申请符合下列情形之一的，人民法院应当再审。下面一共列了十三项，其中第（十二）项为：原判决、裁定遗漏或者超出

---

〔1〕 此时是2009年年底，用的《民事诉讼法》是2007年修正版。现行《民事诉讼法》是2012年修正版，该条变为第二百条，内容也稍有变化。

诉讼请求的[1]……

“这就是说,即使不上诉,或者上诉后维持原判,按照上述规定,这个案件都‘应当’再审,而不是‘可以’再审,没有选择的余地。本案一审中,你和老包都没有提出‘806 房屋归老包所有,老包给小青 51 万元财产折价款’的诉讼请求,一审《民事判决书》的判决结果超出了你们双方的诉讼请求。所以我认为,一审判决是有明显问题的,你应当选择上诉。”

小青沉吟了半晌,估计也就听了个似懂非懂,但从表面态度来看,好像已不是刚才那样不满情绪彻底外溢了。

“既然上诉不上诉的,到时候都可以申请再审,那能不能考虑就不上诉了,专门申请再审不就行了?”

“那不是一个明智的选择,我认为应当选择上诉。实话实说,上诉都不一定能保证成功,申请再审?太困难了。”

小青又沉吟不语。

看来计划的第一步差不多了,小青的态度基本能够说明问题。

即将开始第二步计划。

对我而言这才是关键中的关键,才有实际意义。

“如果你选择上诉,我建议你还是要委托律师,并且希望你优先考虑委托我,”我把昨天起草的《民事上诉状》和尚未签字盖章的《委托代理协议》递给小青,继续说,“《民事上诉状》我拟好了,基本理由就是强调一审《民事判决书》超判。如果

[1] 在 2012 年修正的《民事诉讼法》中,该项变为第(十一)项。

二审你仍然委托我,《委托代理协议》我也拟好了,风险代理[1]。一审不是收了 3 万元律师费吗?二审律师费收 8 万元。二审除调解之外,只可能有三种结果,从法院统计数据上看,最常见的是'驳回上诉,维持原判',比较少见的是'撤销原判决,依法改判',最少见的是'撤销原判决,发回重审'。如果二审的审判结果是'驳回上诉,维持原判',那么我们律师事务所分文不取,一审、二审律师费一共 11 万元全部退还给你,律师费发票的税负由我个人承担。顺便说一句:律师税负很重。另外,一审还补交了诉讼费,我昨天帮你垫上了,这是法院的收据。如果二审维持原判,这钱我也都心甘情愿替你出了。"

小青想了想,问:"如果二审我委托别的律师,一审律师费是不是也可以退还给我?"

"那不行。我们之间的关系,实际上就是单纯的契约关系:以前你与我们律师事务所签订的《委托代理协议》,我们律师事务所指派我当你的一审代理人,期限就到一审判决为止。现在已经履行完毕了。一审是正常代理而非风险代理,律师费数额符合有关部门规定的律师收费标准,而且收费也开了正式发票。实话实说,就是到北京市律师协会投诉也没有用。"

小青定睛看了看我,不无讥讽地微微笑了,说:"这些你是不是都已经提前计划好了?"

"坦率地说,是的。"我极力掩饰被人当场识破的尴尬,坚持直视着小青说,"我这么做的目的就是希望你不要轻易说出

〔1〕 诉讼案件,律师费通常有两种收取方式:(1)正常代理,就是律师费先收,无论案件结果如何,律师费不退;(2)风险代理,就是律师费后收,即根据案件的结果,从委托人获得的财产利益中按约定的数额或比例收取律师费的收费方式。可以想见,风险代理的收费比较高。另外,实践中,律师们为防止案件结束当事人不交律师费,风险代理往往会先收费,最后再按照判决结果结算。

'不'字,有时话一经说出就很难改口了。一审《民事判决书》实际上我昨天就拿到了,看到这样的判决结果,我也难以接受,所以我今天才告诉你这个不好的消息,上诉期十五天,是从今天起算。我提议:你先把《民事判决书》《民事上诉状》和尚未签字盖章的新的《委托代理协议》都拿回去,全方位仔细考虑考虑再做决定。"

小青一言不发。

"我的建议是:你应当上诉。如果你上诉的话,我希望仍然能做你的二审代理人。你先回去考虑,如果想上诉,并且还想请我当二审代理人,就在五天内给我打电话。"

小青低头沉默了很久,然后抬起头说:"你说得对,我是应该回去全方位考虑,并且我会认真考虑你的建议。"

小青起身,我送到电梯口。电梯距离还远,要等一段时间。

小青问:"沈律师,这个案件上诉,有几成把握?"

我犹豫着说:"一审《民事判决书》,在我看来确有问题,上诉成功的可能性很大。但成功的可能性很大,并不等于百分之百的保险。事实上,世上根本没有百分之百保险的事情。不过说实话,如此明显的问题,如果二审结果是'驳回上诉,维持原判',我还真的有可能怀疑法律了。我想要是连我都怀疑法律了,我真的不知道我还有没有继续当律师的理由。如果只是为了赚钱谋生存,当律师并不是我唯一的职业选择。"

说话间,电梯已到。

第一天,没有她的信息。正常。

第二天,还是没有她的信息。担心。

第三天,仍是没有她的信息。失望。

第四天，就在我接近绝望的时候，小青来电话，约我下午到我们律师事务所面谈。

看来有戏！

在我们律师事务所，小青说："沈律师，实不相瞒，这几天我也咨询了别的律师，怎么说的都有，律师费也是千差万别。我是投资公司的，我结合我的职业仔细想了想，世上还确实没有百分之百保险的事情。看得出你是个很现实的人，你开出的条件我很难拒绝。"

我实在不知这是不是在揶揄，于是不动声色地听着。

就听小青继续说道："其实我也很现实。这么说吧，二审《委托代理协议》，你的其他条件一律不变，只是二审代理费由8万元变成6万元，成不成？"

我直视着小青，想了想，说："成交！"

《委托代理协议》签订后，小青说："其实，刚才你坚持8万元不变，我也会签的。"

"我想到了。不过说真心话，我对你在这种情况下还能信任我表示感谢。现在，新的《委托代理协议》已经签订，我们之间又被一纸契约绑定在一起。别的就不要再提了，二审咱们齐心协力，奋力一搏。我以前说过，'打官司不是打架'，这话看来可能有一定的局限性。二审开庭的时候，你也说。"

"可是，我说什么呀？我不懂法，我怕我说错了适得其反。"

"法律方面的东西都由我来说，你说别的，与法律无关的。具体说什么，随机掌握，只要是让审判员看出、听出你的愤怒就行，表明'我不是不在乎'，就算是给审判员增加一些心理压力。”

（八）

小青的上诉手续是我全程办理的。

然后就是漫长的等待。

等待了五个半月之后的2010年4月，终于等到一中院的电话。

谈话被安排在三天之后。

北京的中级法院审理上诉案件，一般都是由一名主审法官安排谈话。虽然叫谈话，作用绝对非同小可！

谈话之后，如果主审法官认为案件没有问题的或者是有问题且极其明显的，会直接处理案件。这种情况下，“驳回上诉，维持原判”占绝大多数。

如果主审法官对案件本身有疑问且拿不太准，则会在谈话程序完成后再组成合议庭审理。这种情况下，一审判决被直接改判的可能性就非常之大了。

因此，把这次谈话视为决战，并不为过。

我把谈话时间告诉小青。

小青问：“沈律师，你看咱们用不用再当面碰碰？”

我想了想，说：“不用了，谈话那天咱们早些到一中院就行了。”

谈话那天，我和小青在一中院西门见面。

我说：“我拟了一份《评估鉴定申请书》，要求对806房屋进行评估鉴定。我估计二审不会安排评估鉴定，但是我认为还是应当递交申请。”

“行，我听你的。”

过了安检，我们到等候区等候。

老包早已西装革履地坐在等候区，见我们走来，故意别过脸去。

我独自走到一边，忐忑地回想整个案件。

按说，从法理上讲很简单：《商品房买卖合同》上和发票上都写着老包和小青两个人的名字，806 房屋属于二人的共有财产，这一点毫无疑问；在法律上，共有分为按份共有与共同共有，本案中无法区分 806 房屋中老包和小青各自所占的份额，那就应当是共同共有，也就是说，俩人一人一半；事实上，一审判决也认可 806 房屋是老包与小青共有的，而且也是一人一半。只是，我认为 806 房屋应该判给小青，而一审法院认为 806 房屋应该判给老包。

我认为应当把 806 房屋判给小青的理由在于：小青提出要 806 房屋并给老包补偿的诉讼请求，而老包的答辩意见东拉西扯地说了半天，最终仅仅是“驳回小青的全部诉讼请求”，并没有说要 806 房屋，更没有提给小青财产折价款。

一审法院认为 806 房屋判给老包的理由在于：老包在 806 房屋实际居住。

理智地分析，应该说我的理由合法，一审法院的理由合理。

在我看来，法院的审判过程，实际上是做选择题的过程：针对一个明确的诉讼请求，选择“支持”或者“驳回”，或者“部分支持”“部分驳回”，法院没有替当事人处分诉讼权利的义务，当然也更没有这个权力——对，就是权力，而不是权利。

实践中，当事人提出的诉讼请求，应当是经过深思熟虑的，有的是为了将来还有回旋余地，有的是为了不过分得罪对方等，因此诉讼请求有时可能看上去并没有充分维护自身的权益，这是当事人对自己诉讼权利的处分。法院在当事人诉讼请求范围之外做出判决，不论是以什么名义，都是不合法的越俎代庖之举。

如此说来，一审判决的问题还是极其明显的。

但现在的问题是：已经有了一审《民事判决书》，对二审法官而言，最为轻松简便，也最不得罪基层法院法官的做法就是“驳回上诉，维持原判”——一审法官与二审法官毕竟是同一系统的人。

正在胡思乱想间，就听有人在叫老包和小青。

决定性的时刻到了。

北京的中级法院，法庭空间都比较大，这有效增加了威严感。

我和小青在上诉人席落座，我坐在上首，由我主说。

主审法官独自一人坐在审判台上，书记员在电脑旁核验双方当事人身份，无误后对主审法官示意。

主审法官说：“今天是针对小青上诉老包同居关系析产案组织谈话，谈话完毕后 ，合议庭会组织评议，如果没有异议，会直接宣判。

“因为是谈话，而且双方都经历过一审，诉讼的权利义务想必双方都已经清楚，我就不再重复。下面宣布合议庭成员，审判长×××，也就是我本人，与审判员×××、代理审判员×××，一起组成合议庭，谈话由我主持，书记员×××担任法庭记录。”

这位主审法官是经手本案的第四位审判长，就叫她审判长D。

审判长D问我们：“上诉人，对合议庭成员是否申请回避?”

“不申请。”

“被上诉人,是否申请回避?”

“不申请。”

这些无数次重复的套话,渐次严肃了法庭的气氛。

审判长D接着说:“下面进行法庭调查。上诉人,陈述你们的上诉请求,以及依据的事实和理由。”

我已经为这个案件准备了很长时间,现在临到胜负的关口,还是有些紧张。

我暗自深呼吸一下。

“我们的上诉请求是:

“1. 撤销(2008)海民初字第×××××号民事判决书。

“2. 改判806房屋归小青所有。

“3. 小青给老包财产折价款人民币51万元。”

审判长D问:“你们上诉所依据的事实与理由与《民事上诉状》上的内容是否一致?”

“一致。”

“那就拣最关键的做简要说明,书记员会按照《民事上诉状》的内容来记录。”

“好。我们上诉最重要的理由就是:一审严重超判。我们在一审中明确提出806房屋归小青所有,小青给老包财产折价款的诉讼请求。而老包一审答辩的最中心意思是驳回小青的诉讼请求,并没有提出要806房屋,也没说要给小青财产折价款。因此,一审法院做出的‘判决806房屋归老包所有,老包给小青财产折价款51万元’的判决明显超出双方当事人的诉讼请求,应当撤销。”

审判长D转向老包："被上诉人，你对一审判决是什么意见？"

西装革履的老包说："我认为一审判得没有问题，二审毫无疑问应当维持原判。"

老包一改一审时火急火燎的样子，气定神闲从容淡定，说话语气平和，一副胜券在握的气势。

显然，一审胜诉的老包知道他是如今二审中占据诉讼制高点的那一方。

审判长D发话："双方都拿出一审《民事判决书》，从第三页最后一个自然段，'经审理查明'开始，到第四页倒数第四行'本院认为'为止，这是一审查明的事实部分，双方有没有异议，上诉人？"

"对事实部分没有异议，"我生怕关键问题被忽视，补充道，"请法庭注意'经审理查明'之前，'被告辩称'部分，一审时被告的答辩意见是'驳回原告全部诉讼请求'。"

"法庭问你什么你回答什么。"审判长D面露不悦之色。

看着审判长D那副云淡风轻的表情，我的心里是七上八下：她到底是不是注意到了这个最关键的问题？

审判长D转向老包："被上诉人，对事实部分有没有异议？"

"没有异议。"

二审的老包风度好得惊人，与一审时完全判若两人。

经验证明，如此风平浪静的二审场景，其结果往往是"驳回上诉，维持原判"。

本来我是信心十足，现在被这过于平静的庭审现场压得心神不安。这太像走过场了。

审判长D继续问："除了一审的证据，二审双方有没有新的证据，上诉人？"

"我们没有新的证据，但是我们有个评估鉴定申请，要求对806房屋的价值进行评估鉴定。"

我拿起早已准备好的《评估鉴定申请书》。

审判长D说："你们一审提没提交该申请？"

"没有。"

"先交上来吧！是否评估鉴定由合议庭合议后再做决定。"

老包连忙反对："审判长，他们一审没提评估鉴定，二审就不能评估鉴定了，一审时审判长都释明了，他们坚持不做评估鉴定。"

审判长D说："我已经说过了，是否评估鉴定由合议庭合议后再做决定。"

利益攸关，每个人都想把自己的想法强加于法官。

老包继续强调："我坚决不同意二审做评估鉴定，这违反诉讼程序。"

审判长D还没来得及说话，小青突然站起来，冲着老包说："我们申请评估鉴定怎么了？申请不申请是我们的事，批准不批准是法院的事，你凭什么管？你管得着吗？你有这个权力吗？"

我是第一次看到小青发飙，与她平时的形象反差极大。

老包不屑地瞟了小青一眼："我跟法官说呢，又没跟你说，瞧把你厉害的，你还要吃了我啊？"

"这个你放心，我是回民。"小青悻悻落座后，仿佛生怕老包没听懂，又露骨地强调一遍，"我是回民，你放一百个心！"

她还真是回民!

我赶紧捂住嘴低头佯装看案卷,生怕自己笑出声来。

老包愣住,刚要发作,审判长D敲响法槌:“注意法庭纪律!双方都克制一下自己的情绪,到这里来是解决问题的,不是来吵架的。”

见法庭恢复秩序,审判长D接着问:“双方对事实部分有没有什么需要补充的,上诉人?”

我心中一懔:这是很快就要结束的前兆啊,审判长D莫非心里已打定主意怎么处理这个案件了?

细想的工夫根本没有,我回答:“没有了。”

“被上诉人?”

“小青那一年带人到806房屋打我,后来我报警,海淀法院……”

老包的话匣子一打开,就是灾难。但是我只能听着,没有办法。

看着审判长D微微皱起的眉头,我知道她也听不下去了。她与我的区别是,她有拒听的权利。

只见审判长D直接截断老包:“与本案有关的事实说,无关的事情就不要说了。”

“好,那我也没有补充的事实了。”老包态度极好。

审判长D继续推进庭审程序:“下面双方分别说一下辩论意见。上诉人?”

真的就要结束了。

我准备了书面代理词,我拣其中最为关键的说:“我认为,一审中我们的诉讼请求很明确,就是我们要806房屋,同时我们给老包财产折价款。而老包在一审中只要求驳回我们的诉讼请求，其既没有提出要806房屋，更没有提出要给我们财产折价款。一审《民事判决书》却将806房屋判归老包，并判令老包给我们财产折价款。我们认为，一审《民事判决书》明显超出诉讼请求范围，不仅超出我们的诉讼请求范围，也超出了老包的意愿，是明显的超判，应当予以撤销，改判为'806房屋归小青所有，小青给老包财产折价款51万元'，或者将本案发回重审，"本来该说的已经说完，我还不放心，于是不惜招审判长D不爱听，重复强调补充道，"一审超判的问题极其、极其明显。"

审判长D不悦地看了我一眼说："你的观点法庭已经听清了，重复的话就不要再说了。"

审判长D听清我的观点了？我稍稍松了口气，不过再一想，她只是说她"听清"我的观点了，并没有说"采信"我的观点。"听清"仅仅是"听清"而已，与"采信"之间还有十万八千里的距离。

于是我仔细看着审判长D，试图从她的表情中读出一些倾向性的信息。

很快我就发现，这是徒劳。审判长D不露声色，看不出任何端倪。

审判长D是位看上去四十岁不到、纤弱文静的女性，平时也就是一位普通人。可是现在的她身着法袍，她身后上方还高悬着大大的国徽。

此时她手中的权力，用"生杀"来形容可能言过其实，但是用"予夺"来形容却是实至名归。

审判长D又转向老包："被上诉人，发表一下你的辩论意见，注意，重复的就不要说了。"

西装革履的老包神采飞扬地说："这 806 房屋就是我一个人的，所以我一审时要求驳回小青的诉讼请求是没错的，我也没有义务给小青财产折价款。我跟小青是偶然认识的，那时候她声称……"

审判长 D 连忙打断老包："被上诉人，你先等等。你认为 806 房屋是你个人独有，你不应该给上诉人财产折价款？"

老包怔了一下，答道："是啊！"

审判长 D 说："那一审判你给上诉人财产折价款 51 万元，你到底是同意还是不同意？"

"不同意啊！我哪有那么多钱啊？可是一审法院已经这样判了，就这样吧！"

审判长 D 说："法庭已经听了双方的观点，如果双方还有新的意见，请庭后七日内向法庭提交书面意见。"

"咱们这是谈话，"审判长 D 看看时间，接着说，"我后面还有个庭，咱们抓紧时间。请问双方，是否有调解的意愿？上诉人？"

"我们愿意调解。"我朗声答道。

一审《民事判决书》摆在那里，很明显我们已经处于极其不利的地位，理应抓住一切机会，争取回来多少算多少。这些我在庭前已与小青达成共识。

"被上诉人，你是否愿意接受调解？"

老包答道："我？我愿意调解。"

审判长 D："鉴于双方都有调解的意愿，法庭主持一下调解工作。上诉人，你们有什么具体的调解方案吗？具体地说，在 806 房屋归被上诉人的情况下，给你们多少财产折价款你们可以接受？"

我和小青低声交换了一下意见，然后小青说："我事先到806房屋周围的链家、我爱我家等房屋中介了解了一下，806房屋的市值现在应该是每平方米2.3万元以上，算下来806房屋应该至少值410多万元。要是老包能立刻给钱的话，给我190万元我能接受。"

还没等审判长D开口，老包立刻暴跳如雷："你想钱想疯了吧！"

小青杏眼一翻刚要说话，审判长D连忙制止，并对老包说："被上诉人，这是调解，谁都可以说自己的方案，书记员不做记录。你不同意上诉人的方案的话，也可以说你的方案。要是806房屋归你，你最多愿意给对方多少钱？"

老包说："上诉人要是能接受20万元话，我还可以拿出来，说实话，就是一审判的这51万元，我也得去筹，一时半会儿拿不出来。"

审判长D皱皱眉头，说："被上诉人，你先出去一下，我单独跟上诉人谈谈。"

法官都深知，分别打压各方当事人，效果往往更好。

老包出去以后，审判长D说："上诉人，你也有律师，我看前面一直都是沈律师给你代理的，我想沈律师肯定给你说过了，毕竟，有一审《民事判决书》摆在这里。长话短说，最少给你多少钱你能接受？这事得直接问你，别人谁都不好做主。"

审判长D的这番话入情入理，也极大减轻了我的负担。劝自己当事人让步的话，由代理律师说出来多有不便。

小青默默地独自想。

约莫过了将近一分钟，小青抬头对审判长C说："最少给我150万元，而且马上给，我可以接受！"

我不由得侧过头去打量一下小青：这个年轻美艳的女士，当真不简单！看来“到哪个坡唱哪支歌”的道理她悟得极透。如果说806房屋总价是410万元左右的话，一半就是205万元。本来她说要190万元就已经很让步了，转眼间又让出40万元。如此果敢的决断力，着实令人刮目相看。

审判长D听后，说：“行，上诉人，你们先出去一下，把被上诉人叫进来，我再给做做工作。”

我们依言照办。

在一中院的等候区，我和小青坐下。

想到一审时，主观上我虽然是竭力想把事情做完美，但是客观上却使事情落到了这一步，我很是不安。

我由衷地说：“小青，你还真行，你最后那个让步，明显看出来，连法官都觉得可以了。现在压力到了老包那一边。”

“我也是没办法，不是有句话吗，‘拿到手里的才叫钱，吃到肚里的才叫饭’。”

“这事确实也赖我，当初慎重些就好了。”一向倒驴不倒驾的我，也不由得在嘴上低头。

小青说：“我也冷静仔细想过，你是真的想为我好，只是……”

正说话间，那书记员出来把我们叫回法庭。

审判长D宣布：“调解是在双方自愿的基础上进行的，现在双方差距过大，法庭不再主持调解工作。案件由合议庭评议后做出决定，如果认为案件清楚不再需要开庭的，合议庭会直接出具法律文书，各方看笔录签字！”

看着审判长D隐隐不悦的神情，我稍稍心安：肯定是老包油盐不进导致调解失败，而且很有可能老包还言语冲撞了审判长 D。

这对我们而言不是坏事。法官是依法办案的没错，但法官也是人，而人的重要特点之一就是思维方式多多少少会受情绪因素的影响。

但是这也很难说。无数次痛彻的经验证明：有些事，看上去应该是这样，可最后的结果却偏偏截然相反。

（九）

我该做的事情已经做完了，剩下的事情就不由我做主了，只能等待。

这种等待是一种难言的煎熬，让人备感无力。小青时不时给我打电话询问，我自己都忐忑不安，还得好言好语安抚当事人。

有一次小青问我：根据二审开庭情况并结合我的经验，二审会如何处理这个案件？我直接告诉她大实话：我不知道。

这是心里话。

我是专做诉讼业务的。大部分案件，仅仅是看双方的证据，就能大致预判出结果。还有些案件，看完双方证据再经过开庭，才能看出个八九不离十——法官的态度往往会透露出些许信息。

但是这个案件，二审判决是“维持”还是“撤销”？细想之下，两种可能性都有。从审判长 D 的态度上看不出任何有用的信息，理性分析也得不出确切结论。看来只有等拿到法律文书的那一刻，我才能给出准确的结论。

这简直就是薛定谔的猫[1]！

一周过去，没有动静。

两周过去，还是没有动静。

第三周，终于等到一中院电话，让第二天上午九点到一中院西门领取法律文书。

直接出结果了？经验证明，直接出结果，可能性最大的是维持原判。改判，一般都是在谈话之后正式组成合议庭才做出的。

心中凉了半截。

我曾经根据法律规定确信一审《民事判决书》有问题。现在我不知道我是应该怀疑法律还是应该怀疑法院？

我也不愿给小青打电话，让另一个人也不安。

第二天早上我早早赶到一中院西门独自等候。

九点多，书记员出来，我签署着各种的法律手续。办完之后，书记员把法律文书递交给我，轻描淡写地随口说了一句："这案子发回了。"

我内心一阵的狂喜！

我接过法律文书，共两份，律师一份，当事人一份。一份就区区的一页，是《民事裁定书》，内容很简单，再看最后，结果是**"撤销原判决，发回重审"**。

简直是太好了！

虽然不是直接将806房屋判归小青，却让这个案件逃出生天，继续存活！

---

〔1〕 奥地利物理学家薛定谔提出的关于量子力学的著名思想实验：设想在一个封闭的匣子里，有一只活猫和放射性物质及一瓶毒药。放射性物质发生衰变时，毒药瓶被打破，猫将被毒死。按照量子力学的理论，匣子没有打开时，猫处于既不死也不活的叠加状态，直到进行观察才能确定那只猫是死是活。

饶是见惯诉讼胜负的我也不禁情绪波动。稍稍平复一下，我拨通小青的电话："小青，二审结果出来了。"

"啊？这么快就出结果了？什么结果？是维持原判还是改判？"小青语气之急切从电话里都能明显听出来。

"都不是。是撤销原判，发回重审。"

"沈律师，我一直想问却没问，'撤销原判，发回重审'是什么意思啊？"小青有些不明白。

遥襟甫畅，逸兴遄飞。

我忍不住按照我自己的理解解释："打个比方吧！你可以把各级法院想象成生产线，他们的产品就是法律文书。一审法律文书就是一审法院生产的产品。有人认为这产品不合格，于是上诉了，一审产品——咱们只说其中的判决书而不说裁定书——就到了二审法院，这是检验关口。那么，一审产品——也就是一审判决书，在二审法院眼里，到底合格不合格？有三种情况：其一，合格。二审法院的处理办法就是驳回上诉，维持原判，相当于产品检验合格直接出厂了。其二，虽然不合格，但可以经过修理让它变得合格。二审法院的处理办法就是撤销原判中的部分或全部，依法改判，相当于产品修理修理合格后也出厂了。其三，不合格并且也无法修理让其合格。二审法院的处理办法就是撤销原判、发回重审。简言之，相当于产品不合格也不能经过修理让其变合格，只好回炉重做！"

"沈律师，那要是案子发回重审，还回到原来的法官手里，这还是个麻烦事啊！"

小青还是有些不放心。

"制定法律的时候早就预料到这一点了，《民事诉讼法》规定，发回重审的案件，重新组成合议庭审理。也就是说，原来一审的三位审判员都不能再参加这个案件的审理了。”

“那我就放心了，”小青接着说，“那接下来怎么办？”

后续手段我早已想好，胸有成竹地说：“接下来？认真准备好806房屋的评估鉴定准备工作，然后就是等待，等法院通知，”我想了想，补充道，“另外，二审结束了，你和我们律师事务所的《委托代理协议》也已经履行完毕了，如果再到一审你还是要委托我，还得重新签订《委托代理协议》。”

小青语气轻快：“当然还是委托你啦！不过律师费可要给我最大幅度的优惠。”

“这个自然！”

小青对我的信任感，曾经被盖着红章的一审《民事判决书》几乎全部毁去，现在又被同样盖着红章的二审《民事裁定书》悉数恢复。

悉数恢复的还有我对法律的信心：“超判”这么明显的错误，我不会看走眼，二审法院不会视而不见。

（十）

仍然是数个月的等待。只不过，这次的等待，对我而言，是气定神闲的等待。

转眼进入2010年下半年。房价像坐了喷气式飞机，发了疯一般往上蹿。

天天的新闻，就是房价，关键词就是涨，涨，涨！

看新闻，到处都是抢购房屋的新闻。每每有新楼盘开盘的信息，人们头一天就去排队。有个新闻说，某人抢房好不容易排到跟前，却被告知已经涨价了，该人犹豫了一下，出去买了个煎饼，煎饼下肚胆壮了，咬咬牙回来下定决心准备买，却被告知出去这一会儿已经又涨价了，他准备的钱已经不够最低首付了。

人们对房价的飞涨心情复杂。

买到房的人，得意之情溢于言表；想买但错过机会希望房价回落再赶紧出手的人，望着越飞越高的房价，悔恨交加。

估计政府也觉得房价涨势过猛，便试图给这个脱缰野马戴上辔头。早在 2005 年 3 月国务院就出台了“国八条”[1]，2006 年 5 月又出台了“国六条”[2]，但收效似乎不大。

正在房价成为人们唯一话题的时候，又一个关于房子的话题开始了——发回东升法庭重审的案件，东升法庭通知开庭了。

2010 年 10 月中旬，我和小青、老包又在东升法庭见面了。

我把小青叫到东升法庭外面，说：“这次咱们直接就提评估鉴定申请吧！这样房子不论判给谁，也都是双方公平的事情。”

小青不假思索地说：“行，就评估鉴定吧，多出些钱给老包我也认了。”

经过上次一审判决，我们都理智了许多。

“上次一审时，法院之所以把 806 房屋判给老包，就是因为老包说他住在 806 房屋。人多多少少都有一种维持现状的心态，法官也是人。所以你这次陈述自然情况的时候要注意，

〔1〕《国务院办公厅关于切实稳定住房价格的通知》发布于 2005 年 3 月 26 日，简称“国八条”。

〔2〕《国务院办公厅转发建设部等部门关于调整住房供应结构稳定住房价格意见的通知》发布于 2006 年 5 月 24 日，简称“国六条”。

反正自然情况是当事人自己陈述的，当事人怎么说法院就怎么记。尽可能全方位封杀所有把806房屋判给老包的理由。”有些话我身为律师不便明说。

小青想了想，说：“806房屋是复式结构，我的很多东西都在那里，我时不时就得去拿东西，也时不时就住在那里。”

小青真是一点就透！

这时，书记员们纷纷到安检口认领自己案件的当事人，她们通用的办法就是喊当事人的名字。

老包和小青相互之间还是有意视而不见，跟随书记员进了法庭。

书记员照例核实当事人自然信息。

小青不紧不慢地自述：“女，回族，住北京市海淀区某小区806房屋。”

老包突然怒不可遏地打断小青的话：“胡说！”

老包转而向书记员说：“806房屋是我和我妻子住，我们两个月前刚结婚，对面这个人根本不住在那里。”

书记员说：“这是当事人自述的，我就按当事人说的记录。”

老包突然站起身来，厉声质问书记员：“她怎么说你就怎么记？她说她住中南海你也记？你调查研究了吗？那806房屋是我和我家人住着的，我们有结婚证，对面那个人住806？怎么住？”

书记员正不知所措，小青站起来厉声说：“书记员记我说的话关你什么事？”

经过多次出庭实践，小青已经能够适时发飙在场面上不落下风，却又能准确把握分寸，起到了律师不能起的作用。

书记员见局面渐渐失控，赶紧给法官打电话求救。

进来一位身着法官袍的中年男法官。

这男法官落座后，和颜悦色地说："大家到这里来是解决问题的，不是吵架的，所以请大家注意控制一下自己的情绪。"

男法官见老包和小青各自坐下，局面又得到了控制，便接着说："这案子是发回重审的，我是这案子的审判长。"

这已经是本案的第五位审判长了，就叫他审判长 E。

审判长 E 说："发回重审的案子是合议庭审，今天是开预备庭，由我本人主持。合议庭的另两位人民陪审员在组庭后再告知双方当事人。两位双方当事人已经打了好几年官司了，法律程序想必已经是很熟悉了，咱们就尽量简化。就我本人担任本案审判长，书记员担任法庭记录，双方是否申请回避，原告？"

"不申请。"

"被告？"

"不申请。"

"原告，叙述一下你的自然情况。"

"小青，女，回族，住北京市海淀区某小区 806 房屋。"

老包看起来在竭力控制自己的情绪，他举起手说："审判长，我声明，806 房屋是我和我家人住，对面这个人不住在 806 房屋，请审判长明察。"

审判长 E 说："自然情况中，关于民族、性别、身份证号码是当事人自述，我们会与身份证核对。但是当事人现住址，我们是按照当事人自述直接记录。这有什么问题吗？"

"可是对面这个人确实不住在 806 房屋啊！"

老包还是揪住这问题不放。

审判长E制止老包："好了，这个问题你不要再说了，"接着，他转向小青，"被告所说的你也听到了，你说你是住在806房屋吗？"

"806房屋是复式结构，我的东西都在下面那层，我时不时就得回去拿东西，有时也住在那里。"

审判长E制止住要说话的老包，继续核实当事人的自然情况。

核实完毕，审判长E说："这案件是发回重审的，请原告再明确一下你们的诉讼请求。"

终于轮到我说话了。

我朗声说道："我们诉讼请求是：

"1.806房屋归原告小青所有。

"2.小青给被告老包适当财产折价款。"

我拿起材料接着说："另外，法官，我们要求对806房屋的价格进行评估鉴定，这是书面《评估鉴定申请书》。因为评估价还没有出来，所以我们的财产折价款暂时不能明确具体数额。"

审判长E正要开口，老包急切地说："审判长，他们在原一审的时候放弃评估鉴定了，当时法官还释明了，他们说不评估鉴定，笔录上都记得非常清楚，笔录上有对方律师签字确认。所以现在法院不应当同意他们的评估鉴定申请，他们已经放弃了。"

被截断话头的审判长E，极力控制自己的不悦之色，耐着性子听老包说完，然后说："被告，请你注意法庭纪律，是我在审这个案子，任何人没有得到允许都不能发言，听明白了吗？"

审判长E说话不疾不徐，却有一种自然而然的威严感。

老包赶忙说："是，听明白了，我就是觉得法院不应当同意评估鉴定。"

"同意不同意评估鉴定是由合议庭来确定的，"审判长 E 说，"这案件是发回重审的，还需要双方重新提供证据，原告这方？"

我早有准备，把以前的证据再交两份，一份给审判长 E，另一份给老包。

"被告，你的证据呢？"

老包说："我不知道还要重新提交证据，我这里有，可是就有一份，我回去复印后再交给法院吧！"

审判长 E 说："鉴于原告提出书面的评估鉴定申请，合议庭需要评议后做出决定。另外，被告还需要时间准备证据，今天咱们暂时休庭。被告，你七天之内把证据一式两份交到法院，听清了吗？"

"听清了。"

"现在休庭！双方看笔录签字。"

说完，审判长 E 先行退庭。

我快速看完笔录，签完字后与小青一起走出法庭。老包跟往常一样，为笔录和书记员掰扯。

"沈律师，你说法院会安排评估鉴定吗？"

小青像所有当事人一样，总是爱问律师"法院会怎么办"。

这类问题，身为律师的我本来就不愿回答，必须回答也是含糊其辞。道理很简单，律师无权指挥法院。因此如果直接回答，实际上就是在做预测。

所有预测都是有风险的。看看那些专家关于房价的预测，就知道预测的风险有多大。

而本案，我已被打过脸，就更不愿做预测了，于是我说："一切听法院的安排吧！"

（十一）

转眼到了2010年11月上旬。

海淀法院通知：即将于下周在北京市高级人民法院摇号选定评估机构，问我去不去。

我告知法院：知道了，不去。

说说评估鉴定那些事。

司法实践中，有很多专业问题，法庭上激烈对抗的双方各执一词，让法官难以判断，比如借条上的字是不是某一方签的？印章是不是某一方盖的？以及工程造价是多少？房屋现值多少钱等，需要专业机构给个说法，以前专业机构出具的说法叫"鉴定结论"，属七大证据类型之一。可能"鉴定结论"这个名字太过跋扈，2012年《民事诉讼法》修改，"鉴定结论"已改叫"鉴定意见"了。而这个出具说法的单位，统称评估鉴定机构。

不论是叫"鉴定结论"还是叫"鉴定意见"，总之是由一个评估鉴定机构对某项专业问题给出的一个意见，这意见是法院做判决时所依据的证据之一。

评估鉴定机构与律师事务所一样，也经历了从官办到民办的过程。评估鉴定机构如果是官办，让人总是感觉与法院、检察院有些说不清。只是评估鉴定机构从官办到民办要晚许多，进入二十一世纪才逐步开始脱官入民，而当时律师事务所已基本全部变为民办了。

评估鉴定机构收费，而且收费不低，并且不能砍价。刚开始，评估鉴定机构很少，可能因为效益不错，因此很多单位争当评估鉴定机构。司法局和法院都有各自认可的评估鉴定机构。

具体让哪一家有资质的评估鉴定机构来做评估鉴定？这是一个值得思考的问题。

最理想的莫过于让争议双方共同选定评估鉴定机构。但是双方已经闹到法院，往往失去互信无法共同选定评估鉴定机构。怎么办？自然而然能够想到的就是由主审法官指定评估鉴定机构，他毕竟是中立的裁判者。事实上，我刚当律师的时候，遇到需要评估或者鉴定的问题，往往都是由主审法官指定评估鉴定机构的。可是问题又来了：且不说别的，既然主审法官想指定哪一家评估鉴定机构都可以，从最纯洁的角度来看，客观上至少是主审法官想让哪家评估鉴定机构发财哪家评估鉴定机构就能发财。面对这样的局面，能指望各个评估鉴定机构自我约束不公关，同时所有法官都廉洁自律坐怀不乱？历史的经验证明，完完全全只靠自我约束，只能管得了一时，难以管得了一世。于是为了堵住可能存在的制度漏洞，各地法院纷纷出台摇号办法，简言之，经过一定方式筛选出评估鉴定机构名册，在双方不能共同选定评估鉴定机构的情况下，由法院用摇号方式在名册中确定评估鉴定机构。

言归正传。

具体到本案，因为是评估806房屋的现值，因此需要的是评估机构而非鉴定机构。两周之后，摇号选定评估机构、作为申请人的小青预交评估费等程序都已完成，只等评估了。

快到评估的时候,问题出现了。海淀法院负责联络评估鉴定事宜的法官打电话通知我:"已经联系好评估机构了,定好下周二下午两点到806房屋,到时候必须保证评估机构的人能进去。"

虽说评估机构评估出来的房屋价格,与链家、我爱我家等房屋中介标出的房屋价格相差不多,主要看房屋的地理位置、面积等,但评估机构还要看屋内,尽管屋内装修等对总体价格影响极小,却是评估价格必不可少的组成部分。

806房屋现在是老包居住,换锁已经不知换过多少次,小青原来的钥匙早已不能再用。

小青问我怎么办。

我让她问正式的开锁师傅。

开锁是一门专业技术。掌握这门专业技术生活的人,把技术用在邪门歪道上,就成了入室盗窃的小偷;把技术用在正道上,在派出所登记备案,就成了光明正大的开锁师傅。

小青的回话很快就来了:"沈律师,我电话联系到一位开锁师傅,我说我出差在外地家门钥匙丢了,那开锁师傅问我有没有房产证,我说房产证还没办,但是我有《商品房买卖合同》和身份证,我身份证上的名字与《商品房买卖合同》其中之一的购房人名字及身份证号相同,开锁师傅告诉我说,在当地派出所登记之后就可以给开。"

小青犹豫一下,接着说:"沈律师,开锁师傅我已经找好了,是在派出所正式备案的,可是,如果老包那时正在家怎么办?我想请你与我一起去。"

"我?这种场合我在也没用,另外下周二我还真有个庭,下午三点在朝阳法院。就是去806房屋也得赶紧走。你能不能找别人陪你去?”

“别人? 这种事让同事去挺不合适的,怎么办呢?”

我想了想,问:“那老大呢?”

老大是前警察,后来因故被脱去警服,索性专门干起替人寻仇帮人铲事的勾当。前文说过老包与小青联手把他们之间的战争演变为刑事案件,老大是促成这个演变的重要推手(该刑事案件,参见《精彩也在胜负外》之《过度补偿》)。

小青说:“老大? 那一次他因为我进去了,他出来后我说我给他些钱,可是他说什么也不要,他说他当时说好就是白帮忙的,没说钱的事,所以绝不能因为后来事情的结果超过预想而收钱。弄得我都不好意思给他打电话了。”

还真是盗亦有道!

我说:“那你这样试试,你给老大打个电话,请他帮忙,先说好钱,看行不行?”

不一会儿,小青电话来了:“沈律师,老大答应去了,这次说好了钱。他答应拿钱就好了,不然我老是心里愧对于他。”

“那你要一定嘱咐好老大,不论遇到什么情况,千万不能动手。”

“这个自然。”

(十二)

转眼到了周二中午,在小青的一再劝说下,我也到了806房屋门口。小青与老大已经在806房屋等候。小青告诉我,屋里没人,她已经打电话请开锁师傅了。

上次见老大还是在法庭上,当时他身穿号服的形象一直深深地刻在我的脑海里。

如今的老大，面带和善的微笑，一身得体的休闲装，手中轻轻地揉动着两只文玩核桃。我闪目一看，那是两只品相极好的大奔核桃。

老大与我打招呼，他显然注意到我在看他的大奔核桃，便搭讪："沈律师也喜欢核桃？"

我竭力控制着与老大之间的距离："我只是偶尔玩玩，很业余。"

估计老大也看出我的意思，不再多说。

说话间，开锁师傅已到，是一位三十岁上下的精瘦男士。

开锁师傅现场验看了小青的身份证原件，和《商品房买卖房合同》复印件，然后问："《商品房买卖合同》原件呢？"

"原件在屋里，我着急去外地办个手续拿复印件出来，结果把钥匙丢了。"

小青的回答合情合理。

于是，开锁师傅拿出一大摞儿手续，指示小青在各个指定地方签字，又用手机给派出所打个招呼。

然后，开锁师傅向小青要开锁费600元。小青让开锁师傅开完锁再给钱，开锁师傅却坚持先收钱。小青不允，并说交了钱开不开锁怎么办？

俩人争执不下。

估计矮小精瘦的开锁师傅近距离站在美艳高挑的小青对面有压力，开锁师傅虽坚持先收钱，目光却不与小青正面接触。

老大把小青叫到一边，小声说："放心，对他们之中的顶级好手来说，世上的锁只有两种：好开的和不太好开的，没有第三种。我当刑警的时候专门问过。"

小青识劝。

所有手续办完，交完开锁费600元，开锁师傅示意我们退开。

但见开锁师傅一扫刚才略显猥琐的神情，目光炯炯，拿出微型手电，蹲下身来，对着锁眼全神贯注的上下左右仔细观察。

不一会儿，开锁师傅放下微型手电，拿出他的简易工作包，挑出一个耳挖勺也似的东西，估计那就是传说中的万能钥匙。然后，只见开锁师傅将微型手电叼在嘴里，照定锁眼，小心翼翼地慢慢将那万能钥匙伸进锁眼。微微的脆响之后，开锁师傅轻舒一口气，拿下微型手电关掉，站起身来，缓缓拉开门。

当真是神乎其技！

再一想老大刚才的话，真是深刻理解了掌握这门技艺的人在派出所备案的必要性。

开锁师傅又让小青签了个字，就径自离开。

我们也不敢进屋。

正在这时，我的电话响起，是法官。他问我情况，我告诉他，门已打开。

不一会儿，两位专管评估鉴定事务的法官到了806房屋门口。

法官离开法院执行公务，都必须至少两个人一起。

法官告诉我们，评估机构的人马上就到。我见事情已差不多，便说："我还要去朝阳法院开个庭，我得先走。"

法官说："行，剩下的事你不在也没关系了，先忙你的去吧！"

（十三）

2011年春节过后的3月，书记员通知我："房屋的《评估报告》出来了，开庭日期也定了，到东升法庭领一下《评估报告》，顺便也领一下开庭传票。”

《评估报告》的内容很多，A4 的纸有四十多页，但我只关心最后结果。结果是：位于北京三环稍外一些的 806 房屋，为 27 091.03 元一平方米，总价为 4 973 913.00 元。

看来 2011 年 1 月出台的“新国八条”[1]，在房价调控方面起了一定的作用。房价已经从 2010 年年底的 3 万元左右降了下来。

开庭那天，我早早到了东升法庭。

小青比我到得更早。

对评估结果，小青颇有微词，认为过低。我告诉她，如果是她要 806 房屋然后由她给老包财产折价款，对她而言，实际上 806 房屋价格越低越划算。小青很快转过弯来。

眼看开庭时间已到，老包仍未露面。

一会儿，书记员出来叫我们。

老包仍未到。

书记员把我和小青带进法庭，然后就在法庭里当着我们面给老包打电话。

听那意思，书记员与老包的通话不很愉快。

挂断电话后，书记员又给审判长 E 打电话。

书记员问：老包称有事不能来，怎么办？

放下电话，书记员转告：审判长 E 要正常开庭，因为老包已领了传票，只是要等过了开庭时间半小时以后。

按照《民事诉讼法》的规定，经传票传唤不到庭，是被告

〔1〕《国务院办公厅关于进一步做好房地产市场调控工作有关问题的通知》发布于 2011 年 1 月 26 日，简称“新国八条”。

的，缺席判决；是原告的，按撤诉处理。

这也是越来越多的案件中，书记员电话通知完开庭时间，还坚持要让当事人及代理人领传票的重要原因之一。

缺席判决，对我来说就太好了，至少能不听老包海聊了。

本案发回重审后，审判长E曾经组织我们双方谈话，那一次的诉讼请求没有说清小青给老包财产折价款的具体数额，那是因为不能确定806房屋的评估数额。现在老包不到庭，等于放弃了抵抗，似乎是有机可乘。我赶紧叫小青走出狭小的法庭，临时商议对策。小青决意让老包付出些代价。

过了开庭时间约40分钟，审判长E与两位人民陪审员进入法庭。

审判长E宣布："小青诉老包同居关系析产案，经法庭传票传唤，被告老包拒不到庭。按照民事诉讼法的相关规定，缺席审理。"

"本案由审判员×××，也就是我本人，与人民陪审员×××、×××共同组成合议庭审理，书记员×××担任法庭记录。"

"原告，是否申请回避？"

"不申请。"

"下面开始法庭调查。原告，陈述你们的诉讼请求，以及依据的事实和理由。"

我中规中矩照原先的说：

"我们的诉讼请求是：

"1. 806房屋归小青所有。

"2. 小青给老包适当财产折价款。

"我们所依据的事实与理由，和书面《起诉状》上完全一致，没有变化。”

审判长E问：“你们认为应当给老包多少财产折价款？”

我看了看小青，然后回答审判长：“按理说应当按评估价的一半给财产折价款，但是当初购房的全部款项102万元都是小青出的，应当折抵，请法庭予以适当考虑。”

小青赶紧补充道：“购房款102万元全是从我的存折上直接打给开发商的，存折是实名制存折，应该从财产折价款里扣除51万元。”

“806房屋办理房产证了吗？”

我说：“没有，因为《商品房买卖合同》上是两个买受人，按规定应当由小青与老包一起去办房产证。但目前俩人这关系，不可能一起去办理房产证。”

审判长E不动声色地微微点头，然后说：“下面开始举证质证。”

老包不参加，对手戏变成了独角戏，一切进行得异乎寻常地顺利。

很快，审判长E宣布：“下面开始法庭辩论，原告，发表你的辩论意见。”

我简要说了说，基本就是给老包的财产折价款应当适当减少。

“法庭辩论结束，鉴于被告未到庭，法庭也就不再做调解工作，下面闭庭，”审判长敲一下法槌，“看笔录签字！”

出了法庭，小青问我：“沈律师，你看法院会判我少给老包51万元吗？”

感觉随着案件的进展，小青又恢复了对我的信任。

就是为了不负这份信任，我才出言更加谨慎：“我感觉不太可能，因为分的是现在的房子，而不是2002年买房的钱。再说了，原来一审的时候，老包提供过一份证据，就是你在公安机关有个陈述，说这102万元购房款是你与老包炒股挣的，你还记得吧？只是老包提供的证据太多，这一页纸不知法官会不会注意到？不过，老包也没有出庭，因此，天上掉馅饼的事也不是没有，”我停了一下，套用广告词说，“一切皆有可能！”

（十四）

两周之后，2011年版的一审《民事判决书》出来了。

2011年版一审《民事判决书》的判决结果如下：

> 1.806房屋归小青居住使用，待符合物权登记条件时，该房屋归小青所有；
>
> 2.小青于本判决生效后30日内一次性给付老包财产折价款人民币1 976 956.50元。

806房屋的评估价是4 973 913.00元，一半应当是248万多元……

我心算了好几遍才明白过来：法院判小青给老包的财产折价款比我预测的一半减少了51万元！

再看2011年版一审《民事判决书》的“本院认为”部分，确实，法院明确指出：老包得到利益的同时也应当承担义务。当初102万元均由小青所出，因此从老包折价款中应当扣除102万元的一半。

看来天上掉馅饼的事当真有！

我给小青打电话，告知判决结果。

小青当然是大喜过望。

然后小青问："沈律师，判决书为什么不直接判806房屋归我所有，还要说什么806房屋归我居住使用，还要等物权条件合适时产权才归我，这是什么意思啊？"

此时的我满脑子都是胜诉之后喜悦，随口解释："估计法官是怕806房屋是小产权房，小产权房是办不了房产证的，要真是小产权房，法院却判产权归你，到时候办不了房产证，法院岂不是惹祸上身了？"

"这样判没有问题吗？"

"应该没有。"

我答复的语气也不十分肯定，因为我也隐约感觉可能有些问题，却又不能十分肯定。

老包上诉了。

从《上诉状》可以看出：老包真的很愤怒，措辞激烈。

看到老包那么急，我们这一方就更是气定神闲了。

转眼几个月过去，已是2011年9月，一中院通知谈话。

中院对待二审案件，照例一般都先安排谈话。

谈话那天，我和小青在一中院西门见面。

过了安检后，小青说："沈律师，咱们的案件没问题吧？我这官司都打了快五年了，你接手也四年了，还没个结果，我这心里乱得慌。"

"实话实说，这案件是有问题的，就是那51万元的事。如果二审法院把那51万元判回去，是合情合理的结果，你要有思想准备。"

我又照例给当事人打"预防针"。

"这个思想准备我有。我的意思是说，法院不会再把这案件发回重审吧？我就想着赶紧有个最终的结果，然后大家该干什么就干什么去，不用老在官司上担心了，有个未结案的官司晚上睡觉都不踏实。”

“不会，这个案件还是挺清楚的，而且《民事诉讼法》明确规定：发回重审的案件不得再次发回重审，”我看看时间说，“咱们该进法庭了，希望老包没看出来那51万元的事，不过这不大可能。”

老包早已西装革履地坐在法庭上诉人一侧的上首。

他下首还坐着一位身着夹克衫的男士。

书记员开始核实出庭人员的身份。

那位身着夹克衫的男士是老包请的律师，姓马。

书记员核实完身份后打电话。

主审法官走进来落座后，说：“今天是针对老包上诉小青同居关系析产案组织双方谈话。因为是谈话，双方都经历过两次一审、一次二审，而且双方都有律师，诉讼的权利义务想必都很清楚，我就不再重复。下面宣布合议庭成员，审判长×××，也就是我本人，与审判员×××、代理审判员×××，一起组成合议庭，谈话由我主持，书记员×××担任法庭记录。”

这是本案第六位审判长，就叫他审判长F。

“上诉人，对合议庭成员是否申请回避？”

“不申请。”

“被上诉人，是否申请回避？”

“不申请。”

审判长F履行完各种法律程序后，说道：“咱们这是谈话，由我主持，谈话完毕后，合议庭会组织合议，如果认为没有问题，会直接出具法律文书。上诉人，请陈述一下你的上诉请求和依据的事实和理由。"

这案件，我是第二次听到相同的话。

上一次我们的身份是上诉人，最不希望的就是"驳回上诉，维持原判"。但是上述这番话当时听上去似乎就是"驳回上诉，维持原判"的宣言，深感一发千钧，不得不暗自深呼吸来调整。

而这一次我们是被上诉人，最希望的就是"驳回上诉，维持原判"。但是同样这番话听上去又似乎不是保证百分之百能够"驳回上诉，维持原判"，因为"如果"两个字只是一种假设，并不是一种保证。

我拿出老包的《上诉状》。

一般上诉状，都是两三页，很少有超过五页的。因为要尽量让二审法官在最短时间内明白一审问题之所在，所以语言必须精练。

老包的《上诉状》连带证据说明，却足足有23页之多。

只听老包高声说："一审法院离奇不公！我的上诉请求是：坚决要求二审法院撤销一审判决，发回原审法院重审；或者查清全案基本事实、要件事实或主要事实后依法全部改判，判806房屋归老包所有，驳回对方全部诉讼请求；如果发现在上诉请求以外重审案件及原判确有错误，也应予以纠正；一审、二审诉讼费用由被上诉人承担。"

此时的老包有些气急败坏，与第一次二审时施施然的表情判若两人。

审判长F说："我事先认真看了你的书面《上诉状》，比较长，你的事实与理由与书面《上诉状》里的内容是否一致？"

审判长F的暗示我一听就明白：这么长，如果一致，就以书面的为准，不必再念了，这样节省时间。

估计老包也听出来了，但老包坚持己见："一致，但是我坚持当庭宣读，这是我的诉讼权利。"

然后，老包清了清嗓子，开始念："我的上诉理由，总体来说分十一个方面，每个方面以下又有数额不等的问题。"

"第一个方面：原审基层人民法院派出的东升法庭故意不履行职责，居然使用、并坚持'继续'使用简易程序审理发回重审的案件，严重违反法定程序，可能影响案件正确判决、裁定，显然应当裁定撤销原判决，发回重审。依照《最高人民法院关于适用〈中华人民共和国民事诉讼法〉若干问题意见》第一百八十八条，[1]并结合《民事诉讼法》第一百五十二条第一款[2]后段之规定，上诉请求：经过阅卷和调查，询问当事人，在事实核对清楚后，二审法院合议庭不需要开庭审理，可径行裁定撤销原判并发回重审。"

"以上是第一方面的主要内容，具体展开来说，《民事诉讼法》第一百四十二条明文规定：基层人民法院……"

我早已听得不耐烦了，但我只得听着。估计审判长 F 也听得不耐烦了，而审判长 F 是有权力的。

只听审判长 F 很礼貌地截住老包的话头："上诉人，你的意思法庭听明白了，第一个方面是说本案一审是发回重审的案件，应当适用普通程序审理，而不应当适用简易程序审理，是吧？"

---

〔1〕 2012 年《民事诉讼法》第二次修正后，2015 年 1 月 30 日颁布了《最高人民法院关于适用〈中华人民共和国民事诉讼法〉的解释》，该条调整为第三百三十三条，内容也有所变化。

〔2〕 2012 年《民事诉讼法》中，该款调整为第一百六十九条第一款，内容也有所变化。

“是，正是这个意思！”老包以一种遇到知音的感觉接着说，“可是，请看一审庭审笔录第一页正文第六行，是这样记载的：

“‘审判长：现在宣布开庭。北京市海淀区人民法院依法适用简易程序，公开预备庭审原告小青诉被告老包同居关系析产一案，由本院审判员×××独任审判，书记员×××担任法庭记录。’”

老包越说越激动：“这是明显违反法定程序的行为！另外……”

审判长F又出面制止：“你的意思法庭听清楚了。你说的一审庭审笔录我看到了，一审审判长在开始时明确说明这是预备庭审，后来开庭时也实际组成了合议庭审理。你说的那个地方，应该是书记员记录时出现失误，并不是庭审程序出现错误，对案件本身不产生影响。”

“书记员记录失误？这个说法我坚决不认可！这白纸黑字写的就是‘简易程序’，这可是人民法院，是行使国家审判权的地方，是替当事人维护合法权益的地方，白纸黑字的‘简易程序’是改不了的！”

审判长F：“好了，这个问题暂且不要争论了。你的第一方面的意思，你已经当庭全文宣读了，第一个方面的后附内容如果与书面上诉状一致，就不用当庭宣读了，咱们节省时间。”

老包坚决不同意：“必须当庭宣读！”

审判长F终于面现不悦之色：“法庭理解你作为律师，任务就是要给你的当事人争取最大利益，可是你作为执业律师应当明白，要针对案件问题拣重点说，否则没有重点，法庭很难明白你主要想要说什么问题。”

嗯？主审法官是不是出现了误判，把老包当律师，把他的律师当老包了？

我认识老包自然不会认错。但从旁观者角度来看：老包西装革履打着领带，并且坐在上诉人席位的上首，侃侃而谈，而他请的马律师身着休闲夹克衫，坐在上诉人席位的下首，书记员核实自然情况之后，还没有说过一句话。

很显然，老包是更容易被认为是律师的那一位。

老包和他的律师也反应过来。

“我是老包本人，”老包指着他的律师说，“这位是我聘请的马律师。”

马律师连忙附和。

“啊？”审判长F看看老包，又看看他的律师，然后又看看老包，估计在强迫自己认定这难以置信的事实。

很快，审判长F恢复平静：“行，你是当事人，那我就更得说两句。打官司不是比谁说得多。很多当事人认为说得多就有利于诉讼，其实并不是这样，说得太多有时反而适得其反，让法官难以判断你的中心意思是什么。”

“我知道，可我说的都很重要，都是重点中的重点。”老包坚持己见。

审判长F第一次与老包接触，估计他不清楚，可我早已领教：老包根本不是识劝的人。

眼看老包坚持要以他自己的方式行使其诉讼权利，审判长F也不再多说。

法官对律师，还有一定的震慑力，实在不行，法官可以祭出向司法局发《司法建议函》的大招，这有可能威胁到律师执业证书的安全。

但是对当事人，法官就显得办法不多了。惹恼了当事人，当事人还有可能到处告法官的状，让法官疲于应付。

于是，老包开始全文宣读他的《上诉状》。

小青低声对我说："老包说的，我都听晕了。"

我低声回答："没事，我也晕。"

听得心烦意乱的我，不住地自我安慰：我这是在挣钱。

很多事情我之所以能够撑下来，各种自我安慰实在是功不可没。

这《上诉状》，当真是法律名词满天飞，只听得我这当律师的也晕头晕脑，当然，这可能与我"山寨律师"底子薄有关。

足足一个小时过去，老包说："综上，对上诉人即发回重审案件被告当事人当庭陈述的上诉请求，和上诉的有关事实、理由与适用的法律依据，敬请第二审人民法院另行组成合议庭审查，开庭审理和评议予以全面支持，并对上诉案件按照相关情形依法处理。"

老包说完，法庭里突然显得很安静，过了很长一段时间，审判长 F 才开口："你说完了？"

我感觉，审判长 F 的语气中带有一种极力掩饰的讥讽意味。

很好，老包只要继续这样下去，审判长 F 会越来越反感，这对我们这一方来说绝不是坏事。

主审法官又问马律师："上诉人代理人，你有什么要补充的吗？"

马律师一脸的无奈："没有。"

赶上这样一个案件，我很想知道马律师此时的心理阴影面积。

审判长 F 转向我们这一方:“被上诉人,上诉人的上诉请求和依据的事实及理由,你们是什么意见?”

我朗声答道:“我们认为一审认定事实清楚,适用法律正确,程序合法。上诉人的上诉请求及其依据的理由均不能成立,请法庭驳回上诉,维持原判,”为了刻意与老包形成鲜明对比,我再补充一句,“陈述完毕!”

主审法官再问小青:“被上诉人本人,你有什么要补充的吗?”

“没有。”

“下面开始法庭质证。上诉人,你有什么新的证据吗?”

“有”,老包拿出厚厚的一大摞说,“这些材料一审时都交过,可是我看一审《民事判决书》中根本就没有提及,所以我现在重新提交,被上诉人那里已经有了。”

审判长 F 不易察觉地轻轻皱皱眉,说:“你交上来吧!结合你的证据说说你的证据名称,所要证明的问题。”

“我的证据共有七个大组,每个大组中又分为若干组,组里又分为若干小组。我的第一大组第一组共有三十八份,第一份是河南省鲁山县公安局核发的小青身份证复印件……”

“上诉人,法庭再次向你释明,你举的证据应当与本案有关。”

“我认为这些都与本案有关啊!这是我的诉讼权利啊!”

审判长 F 盯着老包看了足有好几秒,这才开口说话:“行,那你就行使你的诉讼权利吧!”然后审判长 F 转向我,“被上诉人,上诉人的证据比较多,你们是选择一证一质还是让上诉人全都说完你们最后一起质证?”

“我们要求一起质证。”

审判长 F 又转向老包:“上诉人,你说吧!”

整个法庭里,只剩下老包一个人的声音。

审判长 F 好像就没怎么听,书记员在看着老包的书面材料飞快地打字。

小青用询问的眼光看着我。

我悄悄地说:“没事,老包快把法官惹毛了,这是好事。”

终于,老包说完了。

审判长 F 听不到老包的声音,才慢慢地从案卷中抬起头,问老包:“你说完了?”

“说完了。”

“被上诉人,说说你们的质证意见。”

终于轮到我说了:“我们认为上诉人提供的证据均与本案无关,且均是复印件,因此不认可所有证据的真实性、合法性、关联性。”

我的精练语言与老包形成鲜明对比,至少我是这么认为的,也是刻意而为的。

“你们二审有没有新证据要提交?”

“没有。我们一审时提交了所有我们应当提交的证据,二审没有新证据。”

审判长 F:“法庭质证结束,下面进行法庭辩论。给双方释明:辩论意见每方发言时间不要超过五分钟,拣主要的说,详细的可以庭后提交书面意见。上诉人,请你们先讲。”

老包又开始“痛说革命家史”,从怎么认识小青开始。

审判长 F 实在忍无可忍,说:“上诉人注意一下,再次释明:请讲与本案有关的意见,至于你和被上诉人是怎么认识的,你认为与本案有关吗?什么?你认为有关?行,那你庭后提交详细的书面意见吧!”审判长F又对书记员说,“在笔录上这么记:上诉人本人的辩论意见以书面为准,庭后七日内提交。”

审判长F又问老包的律师:“上诉人代理律师,你有什么补充意见吗?”

马律师终于有机会开口说话:“买806房屋的钱,被上诉人说全是她出的,这根本不是事实,这钱是上诉人出的。请法庭明鉴,其余没事了。”

马律师倒是真说到点子上了!

只是不知是否会引起审判长F的注意?

“被上诉人?”

“我们认为上诉人的上诉理由不能成立,请法庭驳回上诉,维持原判!”

审判长F:“谈话程序已经走完。法庭征询一下双方的意见,是否愿意调解结案?”

言未既,老包高声说:“我坚决不调解!”

“鉴于一方不同意调解,法庭不再做调解工作,合议庭会对本案进行合议,”审判长F宣布,“谈话结束!双方看笔录签字。”

经验证明,老包看笔录没有40分钟绝对下不来,况且我们说的较少,看笔录主要是看自己这一方说的话,所以我们申请先看笔录签字,留下老包与书记员纠缠笔录问题。

出了法庭,看到另一拨人在法庭门口等候。

已是十一点了,估计他们是被安排十点谈话的。

出了一中院,小青问我什么感觉。

小青是聪明人,知道问我案件会怎么判是让双方为难,便换个方式问。

“我感觉,老包已把法官彻底惹烦了,只是法官没发作。最关键的,关于那 51 万元的问题,老包都没提,马律师说的好像也没引起法官注意。所以我的建议是:赶紧按照一审《民事判决书》准备现钱吧!小 200 万元呢,不是小数。”

(十五)

十多天之后的 2011 年 10 月上旬,2011 年版二审《民事判决书》直接寄到我们所里。

没有出现任何意外,二审判决结果是:驳回上诉,维持原判。

历经四年多起起伏伏,案件终于结了!距法院经常吹嘘的“案结事了”也仅仅是一步之遥了。

我稍稍平复一下情绪,然后电话通知小青。小青得知判决结果,很是兴奋:“这官司打了五年多,终于打完了!真是胖的熬瘦,瘦的熬垮啊!不过终于结案了。沈律师,我请你吃饭!”

这案件在小青看来是五年多,因为她 2006 年就提起诉讼而后撤诉了,而在我看来是四年多,因为小青 2007 年才委托我。在我和小青看来这就是一个案件,而在法院统计数据里,这已经是第八个案件:一份法律文书就是一个案件,两次一审《民事裁定书》,三次二审《民事裁定书》,两次一审《民事判决书》,一次二审《民事判决书》。

同样的事情,当真是见仁见智。

“我真的很荣幸,只不过现在是年底,正是结案高峰期,等过了这一段时间,还是我请你。另外给你一个忠告:千万不要对打官司产生偏见。这是我迄今为止代理的时间最长的案件,并不是每个案件都如此曲折,"我转个话题接着说,"案件审判是彻底结束了,接下来就是执行的问题,那小 200 万元的财产折价款准备得怎么样了?注意,你的履行期只有一个月。"

"我自己的,再加上已经打好招呼的,应该问题不大。"

我不由得暗暗称奇。

算来认识小青已经有六年了,她还是能够时不时让我暗暗称奇。

前些日子我筹钱购置固定资产,我才借了 60 万元,对"上山打虎易,开口求人难"的老话又有了进一步的体会。想不到小 200 万元的问题,对于小青来说,套句现成的歌词:天上飘来五个字儿,那都不叫事儿!

"那好,我把财产折价款、诉讼费、鉴定费都算清,列个清单,你把最后的总钱数转给老包。记住通过银行转,这样会在银行有转款记录。"

十几天过去了,小青电话又来了:"沈律师,老包根本不接我电话,估计他还要继续闹。可我怎么办呐?他还住在 806 房屋,我不知道他的银行卡号,可这小 200 万元的现钱,我也不能送到他家里去啊!眼看履行期限要到了,双倍罚息[1],一天可就将近 800 元啊!"

"别急,确实不能把现金提到 806 房屋去。我建议,你带上银行卡,把钱交到海淀法院执行庭去。"

"好。沈律师,我想麻烦你跟我一起去。"

---

〔1〕 1991 年《民事诉讼法》第二百三十二条规定:"被执行人未按判决、裁定和其他法律文书指定的期间履行给付金钱义务的,应当加倍支付迟延履行期间的债务利息。被执行人未按判决、裁定和其他法律文书指定的期间履行其他义务的,应当支付迟延履行金。"2007 年、2012 年《民事诉讼法》两次修正,该条位置发生变化,内容没有变化。以前这一条没有得到认真履行。近年来该条会直接写进判决书里并且真正执行。

“没问题。”

海淀法院执行庭在海淀法院本部一楼[1]。

执行庭不仅有执行法官，还有许多协执员——协助执行员，类似于交警队编制外的辅警，只不过法院的协执员基本都是退休执行法官返聘的，业务水平没的说。

接待我们的是一位协执员。

协执员听了半天才明白：小青的问题居然是想依据生效法律文书给老包钱，老包不要！

“新鲜事！执行难是全国性的大难题。我干了这么多年，只碰着过债务人到处玩失踪躲着拖着想尽一切办法不给钱的，我还真没遇到过债务人给钱债权人不要的。你们是不是说什么老包不爱听的话了？嗟来之食可不是人人都肯吃的，”协执员颇为自许地接着说，“你把老包手机号给我，说话不能呛人。”

很快，协执员拨通了老包的手机。

协执员刚核实完老包的身份，说明小青的事，就听电话那边的老包喋喋不休情绪激动地说了起来。

我们听不清老包说什么，可协执员听得清。

好不容易，协执员插进话：“是，你可以去申请检察院抗诉，也可以去北京高院申诉，那是你的权利。可现在一审、二审《民事判决书》已经生效了，你先把钱拿走，然后你该申诉申诉，该申请抗诉申请抗诉，行吗？”

老包根本就不是识劝的人，我早已领教多次了。

---

〔1〕 海淀法院执行庭所在地一直在变动，现在海淀区彰化路13号冠方大厦，与海淀法院复兴法庭、北京知识产权法院为邻。

果然,电话那边的老包又开始说上了。

协执员脸上的不悦之色越来越明显,只不过老包看不见。

终于,谈话结束了。

小青赔着小心问:“法官,我现在是不是可以把钱交给法院了?”

估计协执员刚才与老包的谈话不很愉快,情绪还没完全缓过来,只听他闷闷地说:“你们先回去,我得请示一下领导。”

我说:“那请抓紧时间啊!这‘双倍罚息’一天800元上下,执行申请期限是二年,要是一直解决不了,老包等快两年的时候申请执行[1],光这‘双倍罚息’就得五六十万元呐!”

出了海淀法院,我对小青说:“这事你要天天催协执员,只能催他。你的事,你不着急,别人不会替你着急。”

三天后,小青打电话告诉我,海淀法院终于同意让她把钱全部转到法院账户了,她已经办理完毕,也拿到海淀法院的收据了。

小青问:“接下来呢?沈律师,接下来,老包不搬出806房屋怎么办?”

“申请海淀法院强制执行,《执行申请书》我已经给你准备好了,我把电子版的发到你邮箱,你签好名,再带上你的身份证原件和复印件,以及2011年版的一审、二审《民事判决书》原件和复印件,直接交到海淀法院就行,然后你就经常去催,这些就都用不着律师出面了。执行的事,律师没别的招,也就

[1] 1991年《民事诉讼法》第二百一十九条第一款规定:“申请执行的期限,双方或者一方当事人是公民的为一年,双方是法人或者其他组织的为六个月。”2007年《民事诉讼法》第一次修正,该款变为第二百一十五条第一款,内容变为:“申请执行的期间为二年。申请执行时效的中止、中断,适用法律有关诉讼时效中止、中断的规定。”2012年《民事诉讼法》第二次修正,该条变为第二百三十九条,内容与2007年相比没有变化。

是催执行庭，而且律师出面催远不如当事人出面催的效果好。况且，现在法院规定律师代理执行案件也要交《出庭函》，领《出庭函》就得签订《委托代理协议》交律师费，实在不好意思让你再破费了。不过我也不是撒手不管，有什么事你尽管给我打电话。”

又过了一个月，小青的电话又来了：“沈律师，我这些天天天去催海淀法院的执行法官，我说我该交的钱一分不差全都交齐了，让他把老包撵出 806 房屋。可他老是推三阻四的，我都跟他们嚷嚷了，他就是不去。今天那个执行法官把我叫过去，我还以为他要有所行动了呢，结果他当面告诉我：他们不能把老包撵出 806 房屋，因为《民事判决书》的判决结果只是说‘806 房屋归小青居住使用’，没有时间期限，更没有说让老包腾空 806 房屋，所以法院没法强制执行。他让我自己想办法。”

坏了！

我心中暗暗叫苦：2011 年版一审《民事判决书》的该部分我想起来了，小青的转述很准确。判决书最后的判决内容都应当有个履行期限，最常见的是“本判决生效之日起七日内……”，其他诸如“本判决生效之日起十日内……”“本判决生效之日起三十日内……”也都有可能，但是没有履行期限，执行法官确实无法强制执行。

这案件打了几年官司好不容易才结案，谁承想案结事未了！

如此明显的问题，具有多年律师执业经验的我竟然……

转念想了想，我说：“现在马上就要到元旦了，元旦过后不久就是春节了，估计这种时候法院绝对不会干那种把人往大街上轰的事,也太不和谐了。"

"那我怎么办啊?"

看来有糊弄过去的可能,我说:"法院不是让你自己想办法吗?有一审、二审《民事判决书》原件在手,你不如找老大想想办法,就是千万记住绝对不能动粗……"

三天以后,小青给我打电话:"沈律师,真没想到,这事找老大比找法院还管事!老大要求先收钱后办事。收钱的当天,老大就带了几个人跟我一起去806房屋。敲门,老包就在屋里,不给开,老大就让人撬锁,结果老包报警拨打了'110'。门开了,警察也来了,我把一审、二审的《民事判决书》和我在海淀法院交款的收据给警察看。警察训老包:806房屋已经是人家的了,人家也把钱交到法院了,你咋还不搬走啊?她找人撬锁没错啊!警察还在806房屋里录了像,告诉老包说,806房屋里属于他老包的东西让老包赶紧搬走,否则按无主财产处理。结果老包又跟警察闹。"

我一言不发暗暗松口气:一场危机消弭于无形。

虽然《民事判决书》是法院出具的,而且我们律师事务所与小青的契约关系也已经结束,但是2011年版的《民事判决书》从一审到二审我都是同意的,如今的我已经莫名其妙地把我自己与这两份《民事判决书》绑定在一起。

小青接着说:"沈律师,806房屋我换锁了,可是不管事,老包时不时到806房屋用胶水灌锁眼,还砸门。我现在也不敢住在806房屋,只好一直让老大替我看着。这806房屋我也不敢要了,我想赶紧办好房产证,卖了再在别处买房,我永远也不想再看见老包了。现在房价这么低,可惜了,可是没办法。我咨询咨询:这房产证怎么办啊?”

我想了想,如实回答:“这种业务我还真没办过。我建议,你拿着《民事判决书》到海淀建委问问,房产证是他们发的,他们最清楚。我想,都有生效的《民事判决书》了,是不是就可以在海淀建委直接办房产证啊?”

又过了两天,小青电话又来了:“沈律师,麻烦了,麻烦大了!我去海淀建委办房产证,可海淀建委说,必须同时有我的身份证原件,一审、二审《民事判决书》原件,这些我都有没问题,可他们说还必须要海淀法院的《协助执行通知书》才行。我也不懂就又去海淀法院执行庭了。可是,执行法官还是那个执行法官,他说,《民事判决书》有问题,开不了《协助执行通知书》。这执行法官,让他去执行806房屋,他推三阻四的不去,最后还是我自己想办法解决的。这次让他开《协助执行通知书》,听说就是一张纸,填几个字,这他都不管,是不是老包托人了?我这该交的钱一分不差都交到法院了,可806房屋要是办不成房产证,这不是要坑死我吗?”

我很奇怪,问:“先别急,执行法官说《民事判决书》有什么问题?”

“我能不急吗?老大带人守着806房屋,那是按天算钱的,他的钱谁敢欠?我问执行法官了,他说,《民事判决书》判得不清楚,‘806房屋归小青居住使用,待符合物权登记条件时,该房屋归小青所有’。这里面‘待符合物权登记条件时’,这个条件是不是具备,让谁去判断?执行法官还说他们执行庭就管执行,不管判断。”

当真是“按下葫芦浮起瓢”!

我心中暗暗叫苦:执行法官说的还真不是推托之词。《民事判决书》的判决部分就是应当没有任何歧义的,“待符合物权登记条件时”这句话确实具有极其不确定的因素。

让我汗颜不已的是,这案件一审、二审都是我代理的,判决内容我也是同意的。

我赶紧替小青出主意:“你去找原来一审的审判长,《民事判决书》就是他写的,请他与执行庭协调协调,他们都是同一个法院的好沟通。”

“也只好这样了。”小青喃喃地说。

小青如果对我恶语相向,估计我就会甩手不管,反正我们之间的契约关系已经结束,委托手续齐全,收费有发票,到北京律师协会投诉也没用。让我难堪的是,小青并没有直接埋怨我,而明摆着我有失误之处。想当初她对2011年版一审《民事判决书》的这部分有疑问还问过我,我没当回事。

不过我想,请一审审判长出面,应该没问题了吧?

几天没接到小青的电话,我越来越不安,是审判长调走了?辞职了?现在法官辞职去当律师的现象愈演愈烈。

三周之后,小青终于来电话了,听她的口气,就感觉不妙。

“沈律师,麻烦大了!我找审判长了,他特重视,这几天又是跑执行庭,又是跑海淀建委的,一直没闲着,可还是不行:海淀建委看不到《协助执行通知书》,就是不给办房产证;执行庭说《民事判决书》不明确,就是不给开《协助执行通知书》。审判长一次次地真为这事跑,我刚开始还冷言冷语的,后来我也不忍心埋怨他了。可我这问题也不能老是这样放着啊!这事估计老包还不知道,不然还不得闹翻天啊?我到底咋办啊?都快急死我了。”

小青一向冷静,就是在案件面临最不利后果的时候上也没见她失态，可现在，她隐隐带着哭腔。

盖着法院红章的《民事判决书》，彻底烂尾了？

这事我绝对有责任。可事到如今，说什么都晚了，怎么解决眼前的问题才是关键。

“实在没办法，还可以通过到北京高院申请再审来改判生效的法律文书。不过这个办法太慢，没有大半年估计完不了事。”

“啊？那么长时间啊？还有什么别的办法吗？”

“还有个办法可以试一试。海淀法院有庭长接待日，还有院长接待日。这事找庭长估计已经不行了，得直接找院长。”

“沈律师，那你陪我一起去吧！”

“不是我不管，真的。这事律师出面反而不好，你自己去，情绪可以适当激动，骂我这代理律师，我也确实有责任，但是千万别骂法官。这效果叫指桑骂槐，比直接骂法官效果要强许多。记住：强调你该交的小 200 万元已经交了，而且这 200 万元，你就说是通过高利贷借来的。”

又是三周过去，小青电话又来了，我看到是她的电话，都有些心惊肉跳，因为不知又有什么意想不到的乱子，可是又不能不接。

就听小青语气焦急地说：“沈律师，找院长这招还真管用！《协助执行通知书》办下来了，其实就那么一张纸，盖着海淀法院的章，固定格式的，填上一审、二审《民事判决书》的案号，再写上几个字就行了。我已经拿到海淀建委办房产证去了。”

终于一块石头落了地！

可小青怎么还那么着急？

于是我问：“这不完事了吗？可听你的语气……”

“唉，沈律师别提了，今天早上老包又到806房屋给钥匙孔灌胶水，老大在屋里给我打电话问我怎么办，我让他报警。我也赶到现场，警察把我们都带到派出所，我拿着《民事判决书》原件，警察说老包：这806房子已经与你无关了，人家把财产折价款也交到法院了，你再闹就是到别人房子里闹了，现在口头警告，以后再闹，警察要依法采取措施了。”

“后来呢？”

“后来老包非跟警察吵，说那200万元他并没有去领，可警察说领不领是他老包的事，与别人无关。”

“然后呢？”我没听出来小青为什么着急。

“然后老包就急了，开始骂警察，还动手打警察，说警察拉偏架。结果最后，警察把老包给当场拘了！”

我的天，一波未平一波又起！

“啊？这么严重？”

“是啊！老包出来还不找我拼命啊？这806房屋我说什么也不敢再留着了，准备赶紧低价卖了得了，我已经在附近的链家、我爱我家都挂牌了。我就是想问问你，你周围朋友有没有近期要买房的？真心低价！评估价是2.7万元多一点，现在市场价是2.4万元多，我准备2.2万元就出手。唯一条件是必须一次性付款。”

北京北三环外不远的房屋，价格居然能够这么低，确实很诱人。

第二天，小青电话又来了，语气轻快：“沈律师，806房屋的事，你那边还没动静吧？那就好，就不用再问了，已经有人买了，是位姓李的女士，今天签合同交了定金，明天下午交清全款。链家的都说，李女士可捡了个大便宜，房价回落是暂时的，以后肯定涨上去。”

这个案件，听小青说2006年就曾立案，后来撤诉。我是从2007年年中接受委托的，从我接手到现在的2012年3月，历经五个年头，老包两次提管辖异议并上诉，两次一审裁定，三次二审裁定，两次一审判决，一次二审判决，偏偏最后生效的《民事判决书》还有那么严重的问题……不过现在问题终于解决了，全部解决了。

终于“案结事了”了！

我不由得长出一口气：“这马拉松案件，终于结束了！”

电话那边的小青也感叹：“真是，可算终于结束了！我这辈子再也不想踏进法院的门了！”

第三章　转

（一）

小青对我的信任是在那起刑事案件建立起来的（该案件请见《精彩也在胜负外》之《过度补偿》），在本书的 806 房屋争夺案中，小青对我的信任很明显有个递减又回升的过程，2009 年年底看到 2009 年版一审《民事判决书》的时候，小青对我的信任骤降到冰点以下。那一次，为了能够继续作小青的二审代理人，我冷冰冰的挑明我们之间实际上仅仅是契约关系。也就从那时候开始，每逢过年过节，小青都要给我发五花八门的群发祝福短信，我是受众之一。

2012 年 3 月，806 房屋案件历经曲折终于结束，小青的祝福短信却并没有结束。

在小青的祝福短信中，2012 年的清明节过去了，2012 年的五一国际劳动节过去了，2012

年的五四青年节过去了，2012 年的六一儿童节过去了，2012 年的端午节过去了。

转眼到了 2012 年夏天，小青电话又来了。说实话，小青的祝福短信虽是群发，我看着也挺受用的，但是小青的电话却让我心有余悸。

“沈律师，真不好意思又麻烦你了。我接到海淀检察院电话，说他们受北京市人民检察院第一分院的指派，审查我和老包的案件，让我去领材料。怎么回事啊？这案件早已生效，怎么还没完没了啊？”

这案件怎么又出乱子了？

我只能耐心给她解释：“按照《民事诉讼法》的相关规定，我国是两审终审制，也就是说，案件经过两级法院审理，就已经生效了。可是，《民事诉讼法》还规定了审判监督程序，就是当事人认为生效法律文书确有问题的，可以到上级人民法院申请再审，也可以到人民检察院申请抗诉[1]。估计老包是到检察院申请抗诉了。你先去海淀检察院领材料，然后拿着材料到我们律师事务所，明天下午。”

小青依约到我们律师事务所。

虽然经常通电话，但我已经快一年没见到小青了。

---

〔1〕 1991 年、2007 年《民事诉讼法》中，不服生效法律文书的，没有明确规定当事人在什么情况下可以申请人民检察院向人民法院提起抗诉。实践中，当事人不服生效法律文书的，既可以向人民法院申请再审，也可以申请人民检察院向人民法院提起抗诉。《民事诉讼法》2012 年第二次修正，其中第二百零九条规定：“有下列情形之一的，当事人可以向人民检察院申请检察建议或者抗诉：(一)人民法院驳回再审申请的；(二)人民法院逾期未对再审申请作出裁定的；(三)再审判决、裁定有明显错误的。”《民事诉讼法》第二次修正以后，基本上，当事人要先在人民法院申请再审，未果后，才可以申请人民检察院向人民法院提起抗诉。之所以说“基本上”，是因为“明显错误”是主观判断而非客观标准。

小青依然那么高、俏。她一脸无奈地苦笑："沈律师，你说咱们因为什么见面不好，怎么老是因为这个案件见面？没办法，这是海淀检察院给我的材料。"

我接过材料看，有北京市人民检察院第一分院的《民事检察立案通知书》，《民事检察立案通知书》下还有个备注：本立案通知书不产生对生效裁判中止执行的效力、不影响人民法院其他诉讼活动的正常进行。另外还有北京市人民检察院第一分院的《民事案件协助调查通知》，内容是北京市人民检察院第一分院指令北京市海淀区人民检察院调查。还有，就是老包的《申请抗诉书主旨》。

我让小青先喝茶，我自己拿起《申请抗诉书主旨》翻看。

老包有进步了？《申诉抗诉书主旨》只有七页，我很快就看完了。

"小青，说真的，这个案件不是没有问题，2011 年版一审《民事判决书》判决内容没有履行期限、附条件就是问题，很惭愧当时我没注意，但是这些问题已经解决了，不再是问题了。还有就是，多判给你 51 万元的问题。如果老包在原二审上诉时，只提这 51 万元的问题，我认为原二审就会直接改判。但老包在原二审上诉时，眉毛胡子一把抓，致使二审法官根本就没注意这个问题，结果才是'驳回上诉，维持原判'。这次老包申请抗诉，也存在同样的问题。现在再说 806 房屋应该归谁，已经晚了，806 房屋已经不是你的更不是老包的了，而是李女士的了。就算检察院认为老包的理由极其充分，806 房屋应该判给老包而不是判给你，怎么办？再从李女士手里把 806 房屋抢回来？绝对不可能。从法律上说，李女士是善意第三人[1]。”

“那么复杂的法律概念我一时分不清。沈律师，海淀检察院让我下周二去单独谈话，我想请你跟我一起去。”

“实话实说啊，我们律师都要签订《委托代理协议》交律师费，才能开《出庭函》，然后才能到法院、检察院以律师身份工作，仅仅有律师证，还不能出庭。这个案件，你已经先后与我原先的 ZY 律师事务所和现在的 SF 律师事务所签订过四份《委托代理协议》了，律师费也破费不少了。这次简单，我真的认为你没必要再花钱请律师了。海淀检察院现在只是找你单独谈话，你完全可以先自己去试试。不行再说。”

小青想了想，问道：“沈律师，那你能给我点最实用的建议吗？”

“可以这么说，如果现在问题是聚焦在那多出的 51 万元上面，我去也没用，估计别的律师去也没用。但是现在看来，问题还是聚焦在 806 房屋到底该归老包还是归你这个问题上。这个很好办，你把你的 806 房产证复印件和李女士的 806 房产证复印件交给检察院，就说事实：这 806 房屋判给你以后，老包总来骚扰，你没办法，已经把 806 房屋卖给李女士了，覆水难收了。如果检察院对房产证是复印件而不是原件有质疑，

---

〔1〕《最高人民法院关于执行〈中华人民共和国民法通则〉若干问题的意见（试行）》第八十九条规定：“……第三人善意、有偿取得该财产的，应当维护第三人的合法权益……”该条文并未明确说明“该财产”是动产还是不动产。2007 年 10 月 1 日起实施的《物权法》第一百零六条第一款规定：“无处分权人将不动产或者动产转让给受让人的，所有权人有权追回；除法律另有规定外，符合下列情形的，受让人取得该不动产或者动产的所有权：（一）受让人受让该不动产或者动产时是善意的；（二）以合理的价格转让；（三）转让的不动产或者动产依照法律规定应当登记的已经登记，不需要登记的已经交付给受让人。”

你让他们到海淀建委查806房屋的房产档案去。我估计检察院看到这些材料就应该放手了。”

“这么说就行？”

“我想没有问题。现如今的这个案件，如果讨论51万元的问题，律师去没用；如果讨论806房屋归属问题，律师去也没用。”

一周之后，小青的电话来了：“沈律师，我就照你说的，把那两个房产证复印件交给检察官。那两个检察官还商量了一下，说806房屋那里的房价现在已经是3万多元一平方米了，2011年评估成2.7万多元一平方米，现在看来显然偏低了，问我能不能再给老包一些补偿。”

这个问题我事先没想到，我有些不安，不知小青会如何作答，连忙问：“那你怎么说的？不会答应了吧？”

“怎么可能？别提这个问题还好，一提这个问题我就来气：当时要不是老包那么没完没了地闹，我也不可能那么着急出手啊！我的实际出手价才2.2万元一平方米。现在让我给老包补偿？我没向老包要补偿就算不错了！”

“你真行！你自己去的效果比让我这律师去的效果还好，我很少夸赞别人，但这次是真心夸赞你。那最后呢？”

“最后？最后检察官就让我回去了。沈律师，应该没事了吧？”

“我想应该没事了，看来以后你可以自己独立处理法律事务了，不用再请律师了。”

电话那边的小青颇为得意地笑了，然后又故作谦虚地说：“哪里哪里，我怎么说也是业余的，关键时刻还得你出马！”

听得出，小青这是谦词，估计她没当真，我也没当真。

却不料，一语成谶。

（二）

现在中国的节日慢慢多了起来。法定的，从春节开始，清明节、五一国际劳动节、端午节、中秋节、国庆节、元旦。不是法定节假日的，什么西方情人节、中国情人节、愚人节、重阳节、圣诞节，大家也照过不误。再加上马云等电商大佬们为卖东西而生造的“双十一”“光棍节”等，假日多如牛毛。

在小青的群发祝福短信中，2012 年的七一建党节过去了，2012 年的八一建军节过去了，2012 年的中秋节过去了，2012 年的国庆节过去了，2012 年的“双十一”过去了，甚至，连传说中的“地球毁灭日”——2012 年 12 月 12 日，也平安过去了。我只奇怪，2012 年 12 月 12 日，北京既无风也无雪，平静得不能再平静了，电影《2012》中的任何场景都没有出现。

一直没有接到小青的电话。看来检察院真的是放弃了。

接着，还是在小青的群发祝福短信中，2012 年的圣诞节过去了，2013 年的元旦过去了，2013 年的春节也过去了，2013 年的情人节、元宵节、清明节、五一国际劳动节、端午节也都过去了……

2013 年 9 月，小青的电话来了。

我暗想，不会又是要请我吃饭吧？她多次发出邀请，我都婉拒了。

现在，我基本只与家人、华北水利水电学院的同学聚会喝酒。青海大学的同学只是偶尔聚聚，不是不想聚，而是青海大学在北京的同学很少，外地同学又不常来北京。而清华大学的同学，聚会就更少，主要是大家太忙。

这次想个什么理由婉拒呢？据说，拒绝女士是件很不礼貌的事，拒绝漂亮女士更是如此。

“沈律师，好长时间没给你打电话了，我知道你忙，所以一般能不打扰就不打扰，”小青轻叹一声，“唉，这不又碰上麻烦事了吗？”

我心想，小青又惹上什么官司了？一般人一辈子可能一次官司也不曾经历过，小青怎么会遇上那么多官司？

“又碰上什么事了？”

“还是跟老包的那个事。就这点儿破事，怎么还没完没了！”小青恨恨地说，“刚才 806 房屋的李女士给我打电话，说她昨天晚上出差回来，看到法院在 806 房门上贴了个《民事裁定书》，还留了法院联系电话，让我到法院去领材料。”

“什么？这案件又出事了？”一向喜欢故作镇静的我，这时也无法再保持镇静，“那《民事裁定书》上都说了些什么？”

“李女士也说不清，反正盖的章是北京市第一中级人民法院的。这样行不行？我现在就去一中院，下午我到你们所行不行？”

下午，小青一脸无奈地出现在我们律师事务所。

寒暄之后，小青拿出材料。

除了开庭传票，就是一中院的《民事裁定书》了。

《民事裁定书》就一页，实质内容如下：

原上诉人老包与被上诉人小青同居关系析产纠纷一案，本院于 2011 年 10 月 18 日作出（2011）一中民终字第××××号民事判决，已经发生法律效力。经本院院长提交审判委员会认为，该判决确有错误，应予再审，依照《中华人民共和国民事诉讼法》第一百九十八条第一款，第二百零七条第二款之规定，裁定如下：

1. 本案由本院另行组成合议庭再审；

2. 再审期间，中止原判决的执行。

后面又是一位审判长与两位审判员署名。

这已是本案第七位审判长了，叫他审判长G。

接着，还有一中院的开庭传票。传票显示：一个月后，一中院开庭再审本案。

仔细看传票，才发现传票中的合议庭成员与发《民事裁定书》的合议庭人员不同，看来是另行组成合议庭了。

这位即将主持再审庭审的审判长是本案第八位审判长，就叫他审判长H。

这个案件，历经劫难，从第一次立案到产生终审《民事判决书》，历经四年多。到第五个年头辗转按终审判决执行完毕，我还是没有完全放心，直到过了半年的申请再审期限[1]，我才算彻底放心。因为当事人申请再审的成功率虽然极小，却并非绝无可能。而现在，在终审《民事判决书》盖棺定论后的

〔1〕 1991年《民事诉讼法》第一百八十二条规定："当事人申请再审，应当在判决、裁定发生法律效力后二年内提出。"2007年《民事诉讼法》第一次修正，该条变为第一百八十四条，内容变更为："当事人申请再审，应当在判决、裁定发生法律效力后二年内提出；二年后据以作出原判决、裁定的法律文书被撤销或者变更，以及发现审判人员在审理该案件时有贪污受贿，徇私舞弊，枉法裁判行为的，自知道或者应当知道之日起三个月内提出。"2012年《民事诉讼法》第二次修正，该条变为第二百零五条，内容变更为："当事人申请再审，应当在判决、裁定发生法律效力后六个月内提出；有本法第二百条第一项、第三项、第十二项、第十三项规定情形的，自知道或者应当知道之日起六个月内提出。"

近两年，这个案件又起死回生了！

“沈律师？”小青以近乎麻木的声音发问。

“说实话，如今的结果我自己也没有想到。我认为老包已经穷尽了所有的救济手段，包括申请检察院抗诉和申请法院再审，都没能撼动这个案件。但是这次，是本院院长提交审判委员会讨论后，认为‘确有错误’才决定要再审的，来头不小。可以明确地说，原终审判决已经被判死刑了，保不住了。”

“那你认为《民事裁定书》里说的‘确有错误’指的是什么错误啊？”

“在我看来，多判给你的那 51 万元，是我能想到的‘确有错误’，在 2011 年版一审《民事判决书》刚出来时我就说过。二审时估计是老包说得太多，全无重点，所以二审法官才没有注意这个问题，否则原二审时就改判了。除了这 51 万元，我还真没想到有什么别的错误。当然，没有履行期限、判决内容附条件之类的问题，我想应该不是一中院说的‘确有错误’。”

“沈律师，这次开庭还得麻烦你，”见我面露难色，小青说，“我知道，要签《委托代理协议》交律师费才行，能不能给我个最优惠的价格？”

“这个倒是没问题。只是请你考虑清楚：如果这‘确有错误’指的就是这 51 万元，我去也没用，你还得白掏律师费，何苦？”

“我愿意。”

（三）

转眼到了 2013 年 10 月下旬的开庭日，我早早到了一中院西门。

我改行当律师已经十几年了，遇到不少当事人申请再审的，迄今为止我自己还没有遇到过申请再审成功的案例。而“本院院长”主动启动再审程序的，仅此一例。

按说“本院院长”应该有维护本院判决的倾向才合理。还是把判决书比作法院生产的产品，已经生效的判决书相当于已经检验合格出厂的产品。砸自己检验合格已经出厂的产品，相当于自己打自己脸，不合常理。这也是当初海尔砸自家冰箱具有轰动效应的主要原因。

正胡思乱想的时候，小青也到了。她依旧迷人的风采下，有种刻意掩饰的无奈。

我看着小青，暗自苦笑：要不是这个案件翻来覆去地折腾，我与小青还真没有见面的机会。

安检开始了。

我们进入法庭，老包和他聘请的马律师早就坐在法庭里。

我和小青坐到老包和马律师的对面。

已经记不清我们是第几次这样对坐了，只是对坐的地方在不断地变，审判席上的法官也在变。

此时的老包神态轻松，估计他也清楚：这生效的《民事判决书》是绝对保不住了。

书记员核对当事人身份。

书记员接着宣布：“全体起立，请合议庭成员入庭。”

很少有让当事人起立的。不过，按正式的程序，理应如此。

三位法官进入法庭。

三位身着法袍的法官一起亮相，与一位法官单独亮相相比，气场指数陡增。

三位法官各自肃立于国徽下的审判席。

书记员："报告审判长，开庭前准备工作已经就绪，可以开庭。"

审判长宣布："请坐！"

就是传票中所写的审判长 H。

审判长 H 身材修长，站在高于地面的审判席上，更显庄严。

各方均落座后，坐在审判席正中的审判长示意书记员开始。

书记员发言："当事人及其代理人都已到庭，请肃静，下面宣布庭审纪律：

"（一）诉讼参与人应当遵守法庭规则，维护法庭秩序，不得喧哗、吵闹；发言、陈述和辩论及需要离开诉讼席位，应当经审判长许可。

"（二）旁听人员不得录音、录像和摄影；不得随意走动和进入审判区；不得发言、提问；不得鼓掌、喧哗、哄闹和实施其他妨碍审判活动的行为。

"（三）通讯工具关闭。

"对违反法庭规则的人，审判长可以口头警告、训诫，也可以没收录音、录像和摄影器材、责令退出法庭，或者经院长批准予以罚款、拘留。"

随着法庭纪律的宣读，法庭内的气氛越来越肃穆。

审判长 H 开口："根据《中华人民共和国民事诉讼法》之规定，首先核对当事人及代理人身份。上诉人？"

老包是原二审案件的上诉人，于是老包陈述。

"被上诉人？"

我又把小青和我的情况说了一遍。

“上诉人，对对方出庭人员有无异议？”

“没有。”

一直是老包在应答，他的律师还没开过口。实在不清楚老包请律师是想干什么。

“被上诉人，对对方出庭人员有无异议？”

“没有。”

“经审查，各方当事人及其诉讼代理人身份符合法律规定，可以参加本案的诉讼活动，”审判长 H 敲击法槌，“现在开庭！”

审判长 H：“小青与老包同居关系析产纠纷一案，本院于 2011 年 10 月 18 日做出（2011）一中民终字第××××号民事判决，已经发生法律效力。本院经审判委员会讨论决定，于 2013 年 9 月 12 日做出（2013）一中民监字第×××××号民事裁定，决定撤销原二审判决，再审本案。本院另行组成合议庭，适用二审程序审理本案。根据我国民事诉讼法规定，法院审判案件实行‘两审终审制’的原则；二审案件，一律适用普通程序，实行‘合议制’原则。本案依法由审判长×××、审判员×××、代理审判员×××组成合议庭负责对本案进行审理。我叫×××，担任本案审判长，坐在我左边的是审判员×××，坐在我右边的是代理审判员×××。法庭记录由书记员×××担任。对以上内容，双方是否听清？”

“听清了。”

“听清了。”

审判长 H：“下面宣布当事人在诉讼中依法享有的诉讼权利和应当承担的诉讼义务。

“诉讼权利，主要有如下七项：

“1. 双方当事人地位平等，依法享有平等的诉讼权利，法院将依法保障和便利当事人行使诉讼权利，对当事人在适用法律上一律平等。

“2. 有陈述案件事实和进行辩论的权利。

“3. 有提供新的证据的权利。

“4. 双方对对方提供的证据享有相互质证的权利。

“5. 有撤回上诉、请求调解和进行最后陈述的权利。

“6. 有查阅本案开庭或谈话记录的权利。

“7. 对合议庭成员、法官助理及书记员依法有提出申请回避的权利。提出回避申请，应当说明理由。

“诉讼义务，主要有如下四项：

“1. 尊重法庭、尊重对方当事人，依法行使诉讼权利。

“2. 遵守法庭规则，听从法官指挥，发言按顺序进行。

“3. 根据民事诉讼法规定的诚信原则，陈述案件事实必须要实事求是，并如实提供证据；提供新证据应当符合民事诉讼法的要求。

“4. 当事人或诉讼代理人如有发生妨害民事诉讼的行为，妨碍法院正常审理案件的，根据不同情况，将依法承担相应的被训诫、责令退出法庭或罚款、拘留的法律责任。

“上述诉讼权利义务，上诉人是否听清？”

“听清了。”

“是否申请回避？”

“不申请。”

“被上诉人，是否听清？”

“听清了。”

“是否申请回避？”

“不申请。”

审判长H：“特别向双方释明：本案是撤销原二审判决后的再审案件，根据《中华人民共和国民事诉讼法》的相关规定，适用二审的程序，做出的判决是终审判决。”

估计可能因为是再审案件，所以程序上很齐全。

“下面由上诉人当庭陈述上诉请求及事实与理由。”

“冤！”老包看上去百感交集，“这是我两年多来一直想说的话！”

我本来还有些疑惑：经过这么多次庭审，怎么也应该知道诉讼的路数了，应该有所改进了吧？可一听老包开口，我就知道，老包非但没有与时俱进，反而平添了一股戾气。

果不其然，老包情绪激动地说：“原一审法院离奇不公，原二审法院稀里糊涂。现在，终于有青天了！”

审判长H冷静地提醒：“上诉人，请注意控制你的情绪。请陈述你的上诉请求及事实理由，情绪性的话请不要讲。”

“好，谢谢审判长提醒。我的上诉请求是：

“1. 撤销（2010）海民初字第××××号民事判决。

“2. 判决806房屋归老包所有。

“3. 如果发现在上诉请求以外重审案件及原判决确有错误，也应予以纠正。

“4. 一审、二审诉讼费用全部由被上诉人承担。

“我的事实与理由及适用的法律依据，共有八大方面，每个方面又分若干问题，下面我从第一大方面说起……”

老包的套路我早已熟知，看来现在非但没有改变，还有变本加厉之势。与老包对庭，我也是自有办法：由他这样漫天说去，我虽然烦却只是忍着，到时候主持庭审的法官也会烦他，他烦与我烦不一样，他拥有控制庭审的权力。

老包说了已经超过半小时了，反正我是没听明白他要说什么。我一直参与这个案件尚且如此，我估计审判长就更听得云山雾罩了。

审判长 H 的耐心真好，可就是耐心再好，也有忍不住的时候。

终于，审判长 H 开口了："上诉人，法庭再次提醒你：你说的事实与理由应当是支持你上诉请求的事实与理由。这些一审时是简易程序还是普通程序的事，与你的上诉请求没有太大关系，另外原二审《民事判决书》中也说了，一审是普通程序，庭审笔录是笔误。"

"原二审《民事判决书》不是已经被撤销了吗？"

老包这句话跟进得太机敏了，审判长 H 一时语塞。

旁边另一位审判员说："你不是已经交书面的材料了吗？法庭注意到，你的陈述与书面材料一致。合议庭事先已经阅读并专门讨论过你的《上诉状》，如果你的意见与书面的一致，就请不必宣读，如果有补充的可以讲。"

老包却坚决不同意："我要坚持依法行使我的诉讼权利，我就是想让对方也当庭听一听，为什么原一审、二审判决都是错误的！他们从中搞了什么鬼！"

小青正想发作，审判长 H 赶紧制止，对老包说："上诉人，没有根据的话不要讲，针对案件本身说。"

老包满口应承，又开始朗读他的《上诉状》。

我感觉，与老包打官司，最重要的是要有耐心，不管是作为他的对手，还是作为他的代理律师，抑或作为审判员、书记员。

过了约莫四十五分钟，老包终于念完。

审判长 H 问:“上诉人的代理人,有没有补充的?”

马律师说:“没有。”

真想不明白:老包为什么还要请律师?请律师花了多少钱?更不明白的是:马律师为什么接下这种一言不发的案件?

审判长 H 转向我们:“被上诉人,你们对原一审判决的意见?”

我说:“我认为原一审判决认定事实清楚,适用法律正确,完全没有错误,应当维持。我要特别强调的是,原一审时,上诉人并没有提出‘判决 806 房屋归老包所有’的诉讼请求,现在上诉人在二审提出,超出一审诉讼请求范围,二审法院不应当审理。”

原二审判决完全维持了一审判决。明明《民事裁定书》上,一中院的审判委员会都认为原二审判决“确有错误”了,等于直接宣判原二审判决死刑了,我还坚称原二审判决所维持的原一审判决“完全没有错误”,多少有些顽抗到底的意思。但是我特别强调的那部分,自认为还是很有技术含量的。

开始举证质证了,大家基本都是原来的证据,老包的依然那么多,我们的依然那么少——只是增加了小青的 806 房产证复印件和李女士的 806 房产证复印件。质证意见,老包依然有说不完的话,我们依然言简意赅——只是强调 806 房屋已经卖给他人。

开始法庭辩论了,老包还是口若悬河,我依旧只是只言片语。

连最后陈述也完全一样。

近三个小时过去,终于接近尾声。

审判长 H 问:“双方是否有调解意愿?调解是解决问题的

重要手段……”

言未既，老包截住话头：“我坚决不调解，坚决要求法院依法判决。”

调解是让步妥协的过程，如何劝说自己的委托人让步而又让他看出这是在为他的利益着想？如何拒绝调解却又让法官不反感？对律师而言很难拿捏。老包真是可心，替我解决了很多问题。

审判长 H 略带不满地看了老包一眼，说：“鉴于一方当事人不愿调解，法庭不再做调解工作，闭庭！双方看笔录签字。”

我和小青依旧是要求先签字离开，任由老包为笔录招惹书记员。

出了一中院，小青问：“沈律师，你觉得法院会怎么判？”

“可以肯定的是，原一审、二审判决结果绝对保不住了，806 房屋已经办房产证并转卖了，否则 806 房屋判给谁还真说不好，不过 806 房屋改判给老包是不是还存在超判问题？因为 2011 年版的一审《民事判决书》是基于你的诉讼请求判的，老包没出庭也没提出要 806 房屋。当然，现在这个问题已经不是问题了，因为法院也看到新房产证了，估计他们还会去建委核实一下新房产证的真伪。我想，基本也就是把那 51 万元判还给老包，也就只能这样了。”

小青说：“有一段时间我老想，那 806 房屋卖亏了，现在看来，真是一点也不亏，要不然现在还指不定是谁的呢！”

（四）

三周后，我正在外地出差，小青打电话给我，说一中院让去领法律文书，我让她自己去。我还说，估计最有可能的结果就是把多判的那51万元给改回来。

结果证明我又错了。

小青的电话很快打过来了："沈律师，我领了，是《民事裁定书》。"

"什么？《民事裁定书》？你看看最后一页，看最后是怎么写的。"

"我看看啊！最后是这么写的：

"1.撤销本院(2011)一中民终字第××××号民事判决及北京市海淀区人民法院(2010)海民初字第××××号民事判决。

"2.本案发回北京市海淀区人民法院重审。"

这个结果我完全没有想到，一时瞠口结舌。

"沈律师？"电话那边小青的询问把我拉回来，我应了一声，小青接着问，"这是怎么回事啊？"

我一时还无法对这个出乎意料的结果做出适当评价，只能说："至少，不能说是坏事，回去再说吧！"

很快，我就看到了这份《民事裁定书》。一般二审发回重审的裁定书都很短，但这份《民事裁定书》意外地长，足足有八页之多。

《民事裁定书》虽然很长，但最后结论很明确：撤销所有针对本案的判决书，发回重审了。

也就是说，这案件审了八年，先后出具七份《民事裁定书》，三份《民事判决书》。最后一份《民事裁定书》推翻过往所有。八年轨迹，相当于画了一个圈，现在一切又回到了起点，根本没有位移。

根据经验，发回重审的案件，半年之内不会有动静。

（五）

转眼到2014年3月中旬。

小青来电话了："沈律师，海淀法院给我打电话，老包那个案子，让我下周去一趟，说是要谈话。我想跟你当面说，下午有没有时间？"

在我们律师事务所，小青准时露面了。

小青装束依然时尚美艳，面色却戚戚然。

小青叹口气，说："沈律师啊，咱们差点就见不着了！"

我随口附和："仔细想想，要不是因为官司，咱俩还确实没见过面。"

小青摇摇头："那是没见面，不是见不着。"

我实在不知小青何出此言，一时不好表态。

"我不是说过我在学国画吗？前些日子我们那个国画群组织去马来西亚参加'中国梦·丹青颂'笔会，说是全程有人接待。我一特好的姐姐竭力拉我去，我想我跟那些丹青大家比不了，我就是打酱油的，自娱自乐可以，出国参加笔会？那不是丢人丢到国外去了？就没去。谁想到，他们回来坐的就是马航370[1]！"

我一句话都说不出来。

小青眼睛泛红，她连忙拿出纸巾轻拭："那么多我特熟悉的朋友，说没就没了！"

我和小青不由得一起为马航370叹息，叹息命运之无常。

---

〔1〕 马航370是马来西亚航空公司的一个航班。该航班于2014年3月8日0:41分从吉隆坡起飞，原计划于2014年3月8日6:30抵达北京首都国际机场。2014年3月8日2:40失联。2015年1月29日，马来西亚民航局宣布：马航370失事，并推定机上所有乘客和机组人员全部遇难。

小青说："活着的人还得活着，通过这事我也想开了，没事瞎折腾啥？所以，下周一不是组织谈话吗？如果能直接给老包补上那51万元，我就调解了。老包他不是缺这51万元，他就是斗气。我想请沈律师去帮我盯着别上当，不是开庭，我知道开庭就要签订《委托代理协议》，就要交律师费。唉！现在整体经济形势下滑，生意不好做。"

我答应了。

这个案件再加上之前的刑事案件，我跟小青认识已经有十个年头了，见面还是离不开官司离不开钱。

我不由得对法院暗生怨意：这个案件，没完没了地来回折腾，真是害苦了当事人，也害苦了律师。律师打官司收钱天经地义没毛病，可是也别让律师在一个案件上反反复复收钱啊！赵本山与宋丹丹的小品里都说了：从羊身上薅羊毛可以，但是要匀着薅，别光逮着一只羊薅个没完。

（六）

这次发回重审，案件不归东升法庭管了，而是由海淀法院的审判监督庭管。

审判监督庭，顾名思义，就是适用审判监督程序的。

法院审理案件有着法律规定的固定程序，有一审程序，二审程序，还有再审程序。再审程序又叫审判监督程序，是专门针对已经生效的法律文书的。

审理生效后又被撤销的案件，可想而知，案件数量少，但是复杂。因此，审判监督庭案件少，难度高，里面的法官都是经验丰富的老法官，而不是精力旺盛的年轻法官。

2014年4月的北京，天气已经很热了，唯一比北京4月天气还热的，是2014年4月的北京房价。飞涨的房价，客观上打击着各行各业的从业积极性——干什么都不如炒房划算。

冷艳依旧的小青到法庭门口了。

老包也来了，他依旧西装革履，这次的神色是平静里透出得意，却也隐约带有倦意。

一身休闲装的马律师是与老包一起到的，确实，两人站在一起，西装革履的老包是更像律师的那一位。

书记员打开法庭门。

可能与中关村寸土寸金有关，位于中关村的海淀法院，极尽节俭之能事，大多数法庭都很小。相应地，法庭的威严感也减少了。在我看来，这实在是个设计上的缺憾。

与很多法院原告席、被告席、审判台相距数米乃至十多米不同，海淀法院的大多数法庭原告席、被告席、审判台，是紧挨在一起的呈“品”字结构的三张桌子。要是当事人情绪失控，估计伸手就可打到对方当事人。

法官进来了，看他年龄，估计快退休了。

法官和颜悦色地说：“这个案件，已经先后折腾了好几年，现在发回海淀法院重审。按说应该是合议庭审理。今天不是开庭，所以就由我一位主持，我是本案审判长。今天咱们是谈话，我想听听双方的真实想法：到底能不能通过调解方式解决问题？原告？”

这是本案第九位审判长，是审判长I。

此时小青是原告，因此小青率先表态：“我愿意调解。”

话音刚落，老包说：“我不同意调解。”

想不到，这么长时间过去，老包风格依旧。

审判长I平静地看了老包一眼，缓缓说：“我在法院干了三十多年了，我的体会是：不要过早把话说死，以免将来自己被动。打官司如此，事实上一切都是如此。当然，这是供各位参考的话。”

然后，审判长I翻看材料，说：“当事人及代理人的情况都没有变化吧？打了这么长时间的官司，但是代理人没变，难得，这说明……”审判长I突然停住，又仔细翻看一遍，抬头问我，“你是沈律师吧？”

法官庭审时一般都对律师直呼其名，这名审判长I如此客气，让我一时颇为感动。我连忙称是。

审判长I抬起头缓缓地说：“马律师的出庭手续这里有，你的出庭手续我没有看到。”

书记员说：“原告方没交过委托手续。”

小青见势不妙，连忙说：“沈律师一直都是我委托的律师，都好几年了。这次沈律师是临时出差昨天才回来的，还没来得及办委托手续，我们今天就去办委托手续。”

小青随机应变的能力大有长进。

审判长I很老道，问老包一方：“原告刚才说的情况你们也听到了，确实有些特殊。不过看已有的法律文书，沈律师自始至终都是小青一方的代理律师。你们的意见？”

马律师极其难得地开口说：“以前委托过不一定这次也委托……”

小青连忙说：“委托书不是有现成的格式吗？我当场填一份委托书不就行了吗？”

我作声不得。小青给我出了个大难题：法院备有大量的空白委托书，当场填一份没问题。但是，填好委托书交给法院，我就必须得出庭，可是，《出庭函》怎么办？

正踌躇间，老包说了："那不行啊！光有委托书没有《出庭函》，也不能以律师身份出庭啊！"

这是我听到的老包说的最可心的话，帮我解决了巨大难题。

小青连忙说："我们庭后补办委托手续，现在我想请沈律师旁听一下，不说话总可以吧？"

老包坚决不同意："这是同居关系析产纠纷，有个人隐私，我不同意旁听！"

见此情形，审判长I对我说："沈律师，目前这情况，你也看到了。"

我说："没事，我退庭就是了。"

说实话，挣了那么多次小青的律师费，我都有些不好意思了，我看出来小青也不太愿意再交律师费了。可是我也不愿纯粹为小青着想而让我自己为难。

是老包他们帮我解决了一切难题！

一个多小时后，早已回家看NBA季后赛的我，接到小青电话："沈律师，你下午有时间吗？咱们签《委托代理协议》吧！"

"有时间。我走以后情况怎样？"

"我说我有特殊情况，我的律师不在场，我不能说什么。老包不依不饶地，可那法官特别好，说下周再安排一次谈话。还说现在是一审程序，让咱们这边重新提交一遍《民事起诉状》和证据材料。老包还真是，我说调解调解然后各忙各的吧，他还不答应。难道我还怕了他不成？"

签订完《委托代理协议》，我就有了约定义务，我站在现有的一审角度上，开始仔细思考这个案件。

突然，我隐隐约约好像看到一个重大问题。

我实在不敢相信：这么大的一个法律逻辑陷阱，越来越清晰地浮现出来！

我曾经以为：这个案件审了八年，先后出具七份《民事裁定书》，三份《民事判决书》，最后一份《民事裁定书》推翻过往所有。八年轨迹，相当于画了一个圈，现在一切又回到了起点，根本没有位移。

现在看来这个观点是错误的，完全错误。虽然最后的一纸《民事裁定书》推翻过往所有，但是这个案件却再也不可能回到当初的起点，因为物权具有“覆水难收”的特性！

如今这个案件，已经无可挽回注定即将跌入法律逻辑陷阱，这完全是因为物权具有“覆水难收”的特性，而物权“覆水难收”的特性，做出最后二审《民事裁定书》的审判长 H 没有注意到，《民事诉讼法》从立法到历次修正时都没注意到！

附带的，又看到一个近乎黑色幽默的巨大机会。

考虑到下周还要谈话而不是开庭，我准备先隐忍隐忍，看看动向再说。

（七）

转眼到了谈话时间。

还是在那个显得局促的小法庭里，还是原来所有的人，不同的是，这次我当庭交了《授权委托书》和律师事务所开具的《出庭函》。

审判长 I 说话依旧和风细语：“上次谈话没谈成，这次各方人员到齐了，手续也都完备了。咱们接着谈。我先了解一下基本情况，我问谁谁回答，听清了吗？”

审判长 I 说话虽然和气，却有一股说不出的威严感。

众人皆应诺。

“原告，这 806 房屋是否还在你名下？”

我代为回答：“这 806 房屋早已卖给李女士了，因为被告那时经常到 806 房屋骚扰，原告担心自身安全，所以只能卖房，房产证的复印件已经提交给法院了。”

审判长 I 微微皱眉看了我一下，说：“刚才不是说了吗？我问什么回答什么，没有问到的就不要说，听清了吗？”

我赶忙答应。

我还以为谈话气氛会轻松一些，于是多说了两句，哪承想这位老法官连谈话都掌握得这么严格！

不过我很好奇：一会儿问到老包会是什么情况？

很快，这个问题就有了答案。

审判长 I 转而问老包：“被告，你方认可 806 房屋已经被转卖给他人的事实吗？”

老包说：“我并不认可。因为这 806 房屋就是我的，谁也无权卖。原来把 806 房屋判给原告的《民事判决书》都是错误的，原一审、二审《民事判决书》都已被撤销了……”

审判长 I 截住老包话头：“刚才不是说了吗？我问什么回答什么，没有问到的不要说。这是谈话，我要了解最基本的案件事实，你听明白了吗？”

老包连忙点头称是。

看来这位老法官还是很有威严，好像能镇得住老包。

审判长 I 又问小青：“原告，你一直在说买 806 房屋的钱全是你出的，有什么根据？”

小青很镇静地回答：“购房款总共是 102 万元，全都是从我实名存折上转给开发商的。”

小青已经能够很自如地回答问题了。

正在这时，老包站起身来，指着小青说："你这是在欺骗法庭你知道不知道？"

小青立刻也站起身来说："我回答法官的提问又没跟你说，你搭什么话？"

看来小青经过多次开庭的历练，已经能够让自己不落下风。

法庭本来就小，这俩人站起来，伸手就能够得着对方。

审判长I猛击一下法槌，厉声喝道："都坐下！"

老包和小青悻悻坐下。

审判长I继续警告道："谁不遵守法庭纪律，我就通知法警！"

法庭又恢复秩序。

审判长I隔了好长一段时间，才说："说些与法律无关的话。你们俩人，为这房子也闹了好些年了，估计对法庭开庭过程也很熟悉了，应该知道吵闹非但解决不了任何问题，反而会干扰法官的审判思路。相互之间心平气和地说话，那是自身修养的体现，二位都是受过高等教育的人，这么浅显的道理怎么就弄不明白呢？"

老包赔着笑对审判长I说："刚才是我不对，我就是听对方说假话我没忍住，我是怕法官被骗，也是好心！"

小青刚要说，审判长I伸手拦住，然后对老包说："你做你该做的事就行了，不用替别人操心，尤其不用替法官操心。"

接着，审判长I说："我本来想好心给你们二位调解调解，现在看来你们双方矛盾很深，我就先不做调解工作了，直接安排开庭，开完庭以后再看看能不能调解。"

我赶忙说:“法官,我下周出差,开庭请往后安排。”

“行,开庭时间安排在三周以后,今天双方就直接领走开庭传票,”审判长I站起来说,“你们双方回去也仔细考虑考虑,面对现实解决问题。现在说房子已经意义不大了,主要就是钱的问题!双方再把证据材料准备两份,一份交法院一份给对方。原告另外准备两份起诉状。到时候开庭带上就行,双方看笔录签字!”

出了法庭,我问小青:“晚上你有时间吗?有些事我想跟你谈谈,我请你吃饭,咱们边吃边谈。”

(八)

在人民大学西门外以西的烤肉宛——这是我特地选的清真饭庄,我五点四十就到了。

六点,小青依约准时露面。

可能与良好的教育背景有关,小青永远那么准时。

坐定之后,小青开口:“以前我只知道烤肉季,烤肉宛还是第一次来。进门时一看牌匾就知道是老字号。”

“是如假包换的老字号。烤肉宛与烤肉季不同,烤肉宛主打烤牛肉,烤肉季主打烤羊肉,都是老字号。北京的老字号,最为珍贵的其实就是这些牌匾,而且随着时间推移,这些牌匾会越来越彰显其价值。现在全国各地叫老字号的很多,但是具体老到什么程度?往往是老字号自己说得眉飞色舞,吃瓜群众听得稀里糊涂。有名人题字的牌匾,问题简单了,一看谁题的字就知道个大概了。凡事都讲究证据,名人题字的牌匾就是最直接的证据,而且这个名人名声越大效果越好。当然,烤肉宛不一样,牌匾是齐白石题的字,虽然字是二十世纪四十年代题的,也很老了,但是远远晚于该饭庄的历史。说明该饭庄早期的老板光顾着赚钱了,不重视品牌文化建设。”

小青笑了:“有道理的奇谈怪论。”

“真的。你看别的老字号,盛锡福是吴佩孚题的字,全聚德是乾隆题的字。我知道的最久远的老字号是六必居,那是严嵩题的字。这些商号根本用不着自我标榜历史悠久。‘历史悠久’是主观判断,而不是客观标准。”

“你们律师不得了,什么事都能说出些门道,而且听上去还都有些道理。说实话,不光是老包替法官担心,我也替法官担心:要是对庭双方的律师都说得有些道理却又不是完全无懈可击,法官又必须做出自己的判断,多累心啊!”

小青把我都说乐了。

我点好菜后,对小青说:“这是咱俩认识这么多年以来第一次坐在一起吃饭。我点的菜都不贵,招牌菜烤牛肉有好几种,最贵的也不到200元,其余的更便宜。所以请你一定给我面子,让我请你。到时候结账你就不要抢着埋单了,咱俩拉拉扯扯地抢着埋单不好看。”

“我怎么感觉你又是提前设计好了?饭庄还是清真的,环境相当不错啊!”小青笑了笑,接着说,“那好,我恭敬不如从命。你是不是有特别重要的事要说啊?我那么多次请你吃饭你都借故推脱了,这次你倒主动请我了,感觉怪怪的。”

小青不喝酒,也不喝饮料,只喝白开水,她说饮料有糖容易长胖。看着身材高挑匀称的小青,我暗想:看来美真的是要付出代价的。

小青为我倒上啤酒,说:“我这算是借花献佛。沈律师你快说吧!我有些忐忑。”

我喝了一大口啤酒，说："咱们这个案件，打到这个份上，我才看出来，二审法院客观上给一审法院挖了一个重大法律逻辑陷阱，也发现一个机会。你想先听哪一个？"

"重大法律逻辑陷阱？我不是学法律的，怕听不懂，就不费脑细胞了。这样，你还是说机会吧！这个听上去对我吸引力更大。"

"其实，我也不是正宗学法律的，所以我说的重大法律逻辑陷阱，也并非高深莫测，你肯定能听懂，"我又喝一口啤酒，继续说，"不过既然你要听机会，行，那我就说这个。

"让我从头说起。这案件，一开始，你是原告，老包是被告。管辖问题我就不说了，因为只是拉长了审判时间，并没有影响实体权利。话说东升法庭做出了 2009 年版的一审《民事判决书》，你不同意 2009 年版的一审《民事判决书》，于是你上诉了，老包没上诉。在二审法院，你是上诉人，老包是被上诉人。二审法院审理后做出 2010 年版的二审《民事裁定书》，裁定撤销一审判决，发回重审。再回到一审法院后，你还是原告，老包还是被告，后来东升法庭重新组庭审理本案，又做出 2011 年版的一审《民事判决书》。这次是你同意 2011 年版的一审《民事判决书》你没上诉，老包不同意 2011 年版的一审《民事判决书》，上诉了。于是这案件又到了一中院，这次老包是上诉人，你是被上诉人，二审法院经审理出具 2011 年版的二审《民事判决书》，结果是：判决驳回上诉，维持原判。后来，2011 年版的二审《民事判决书》就生效了。再后来，一中院针对 2011 年版的二审《民事判决书》安排再审，这时老包仍是上诉人，你还是被上诉人。再再后来，一中院用 2013 年版的二审《民事裁定书》，把 2011 年版的一审《民事判决书》和 2011

年版的二审《民事判决书》一股脑都给撤销了，案件发回海淀法院重审了，这时你又成原告了，老包又成被告了。”

小青满脸迷茫地问：“这些我全都知道，这是明摆着的事啊，有什么特别的吗？”

“有。且听我道来。从本质上说，法律是解决问题的手段之一，用与不用完全看当事人的选择。比如，我打伤了你但是你还没到轻伤的程度，到轻伤就演变成刑事案件，国家机器就要出面了。”

小青苦笑道：“到轻伤就成刑事案件，我太知道了。”

“你为了疗伤花费不少。然后，你有选择权，你当然可以选择忍气吞声就这么算了，不是有那么句话吗？惹不起躲得起。”

小青自言自语地说：“噢，原来我这么软弱可欺啊？没事沈律师，你接着说。”

“我是假设啊！当然，你还可以有别的选择，比如找个你我都敬重的人论论是与非，这实际上就是仲裁的雏形。”

“我听得云山雾罩的。”

“没事，马上就进入正题了，”我每每在法庭上稍微有所发挥，马上就遭到法官强行制止，平时憋坏了，好不容易有个自由发挥的时候，我稍稍有点控制不住，继续说，“当然，你也可以启动法律程序，也就是说，到法院去告我，让我赔偿你的一切损失。”

“这些都可以理解。”

“那么好，下面的事实就顺理成章了：民事法律程序是被动的，非当事人启，不会动，一审法律程序如此，二审法律程序同样如此。我听过很多人抱怨：他欠钱不给太欺负人了！国家法律也不主动管管，这是什么法律！——这实在是错怪法律了。”

小青喃喃地说：“我好像听出些门道了，不过拿不准，请继续说。”

“可以这么说，民事法律程序完全是被动的，你不启，它不动；你一启，它就动。一审如此，二审同样如此。而且，更重要的是，在民事法律程序启动后，还有个特点，就是你一制，基本上它就止。之所以说基本上它就止，是绝大多数的情况下都是你一制，它就止，只有个别情况下，是你想制，它不止。而你想制，它不止的情况，只有极其特别的条件下才发生，而这些条件，《民事诉讼法》和司法解释都给列出来了。”

小青一脸难以置信的表情：“我好像有些明白了，不会吧？”

我点点头，说：“事实就是这样：二审程序是上诉人启动的，上诉人有权制止，他的制止方式就是撤回上诉，他撤回上诉后，一审判决就生效了。而一审程序是原告启动的，在一审判决书出具前，他可以选择撤诉。”

看着小青目瞪口呆的表情，我拿出2014年版的《国家司法考试法律法规汇编》——我与时俱进，每年都更换工具书。我指着书中相关内容说：“你看，这是最新的《民事诉讼法》，2012年8月31日修正的，第一百四十五条规定：‘宣判前，原告申请撤诉的，是否准许，由人民法院裁定。’这里指一审。第一百七十三条规定：‘第二审人民法院判决宣告前，上诉人申请撤回上诉的，是否准许，由第二审人民法院裁定。’这是指二审。”

小青脸上全都是懵。

“按理说，最高人民法院的司法解释是与法律配套的，眼看修正后的2012年版《民事诉讼法》已经实施快一年了，新的司法解释还没出台。

“不过没关系，老的司法解释还在用。你看，《最高人民法院关于适用〈中华人民共和国民事诉讼法〉若干问题的意见》[1]第一百六十一条是这么规定的：‘当事人申请撤诉或者依法可以按撤诉处理的案件，如果当事人有违反法律的行为需要依法处理的，人民法院可以不准撤诉或者不按撤诉处理。’这是针对一审。第一百九十规定：‘在第二审程序中，当事人申请撤回上诉，人民法院经审查认为一审判决确有错误，或者双方当事人串通损害国家和集体利益、社会公共利益及他人合法权益的，不应准许。’这是针对二审。这个案件被撤销发回重审后，适用一审程序。你仔细对照看看，你与老包同居关系析产

[1] 真正与2012年版《民事诉讼法》配套的司法解释名为《最高人民法院关于适用〈中华人民共和国民事诉讼法〉的解释》，于2015年1月15日公布，2015年2月4日起施行。

新民诉法司法解释如此规定一审撤诉：

第二百三十八条规定：“当事人申请撤诉或者可以按撤诉处理的案件，如果当事人有违反法律的行为需要依法处理的，人民法院可以不准许撤诉或者不按撤诉处理。法庭辩论终结后原告申请撤诉，被告不同意的，人民法院可以不准许。”

新司法解释如此规定二审撤诉：

第三百三十七条规定：“在第二审程序中，当事人申请撤回上诉，人民法院经审查认为一审判决确有错误，或者当事人之间恶意串通损害国家利益、社会公共利益、他人合法权益的，不应准许。”

第三百三十八条规定：“在第二审程序中，原审原告申请撤回起诉，经其他当事人同意，且不损害国家利益、社会公共利益、他人合法权益的，人民法院可以准许。准许撤诉的，应当一并裁定撤销一审裁判。原审原告在第二审程序中撤回起诉后重复起诉的，人民法院不予受理。”

新司法解释如此规定再审撤诉：

第四百一十一条规定：“一审原告在再审审理程序中申请撤回起诉，经其他当事人同意，且不损害国家利益、社会公共利益、他人合法权益的，人民法院可以准许。裁定准许撤诉的，应当一并撤销原判决。一审原告在再审审理程序中撤回起诉后重复起诉的，人民法院不予受理。”

纠纷案的现状，显然不在不准许撤诉之列。”

小青半天也没回过神来。

约莫过了一分钟，小青才说话：“我撤诉？那这案件就没了？那806房屋怎么办？我给老包的补偿款怎么办？信息太多，有些复杂，我还一时转不过弯来。不过，能不打官司，对我来说太好了，这官司都把我熬得都神经衰弱了。让我想想，如果我撤诉成功，我也没什么损失啊！我不用再往外掏钱了，连那51万元我也不用掏了。老包真是，上次我准备调解给他那51万元就算了，各自忙自己的事哪儿挣不出来这51万元啊？可是他就不调解，我也不能去求着他收钱啊！”小青愣了一会儿神，说，“好事啊！沈律师，我撤诉！我马上撤诉，我再也不想打这倒霉官司了！”

我只顾自己喝啤酒，没顾上答话。

小青又幽幽地说：“沈律师，你说法院会准许我撤诉吗？”

“我想不会，因为如果准许，806房屋凭什么成了李女士的了？你的小200万元，凭什么交给海淀法院执行庭了？所以我想不会。撤诉不撤诉，这个大主意还是你来拿。这个案件，法院没个准主意，案件判了撤，撤了判地来回来去折腾，客观上造成律师费一次又一次地收，很尴尬。如果你选择撤诉，与我解除委托关系，最后一次收的律师费我们律师事务所可以退一半。”

“沈律师，我不是那个意思。”

“我知道。如果法院不准撤诉，我想也不过就是那多出的51万元的事情，这问题有没有律师在场都一样。你可以先撤诉，然后看法院怎么办。你考虑考虑再做决定。”

（九）

两天以后，小青短信告知我，她准备撤诉。

然后，小青依约到我们律师事务所，我们当面办理了解除委托和退费手续。办完所有手续，我送小青离开。这一次，我不是送到电梯口，而是送到楼下的停车场。

一周之后，小青用短信告诉我，她把《撤诉申请书》与《解除委托通知书》一起寄给法院了。

得知这个消息，我也寄出了《解除委托通知书》。

后来，小青发短信告诉我，法院没有准许撤诉，重新给她寄了开庭传票。

再后来，小青发短信告诉我，她没去开庭。

再再后来，小青和我与时俱进，改用微信联系了。小青发微信告诉我，海淀法院把《民事判决书》寄给她了，她还用微信把《民事判决书》拍照发给我。小青说判决结果是让她给老包财产折价款若干，她计算了一下，总数比原来的财产折价款多出 51 万元。小青说这个结果她能够接受，不想再上诉了。

再再再后来，小青发微信告诉我，老包也没再上诉。她已经把差额部分的钱款交到海淀法院了。

逢年过节，小青还是照例给我发祝福信息，只不过已由短信改为微信，并且不再是群发的了，而是极其简短却专门发给我的了。

我和小青曾经不止一次感叹：为什么我们每一次见面都是因为官司的事？

但是，没有了官司，我们好像还真的没有什么见面的理由。

一年多过去了，没有再见过小青。我想，以后也不会再见到小青了，因为这次是真真正正地“案结事了”了，我们相忘于江湖了。

而我却开始思考了……

第四章　合

在华北水利水电大学的教室里，估计大家云山雾罩地看得差不多了，于是我发问：“这七份《民事裁定书》，四份《民事判决书》，已经依时间顺序给大家播放完了。感觉如何？”

“晕！”

“这就对了！现在流行卖惨，我也与时俱进，借机卖卖惨：搞法律实务，整天不得不战战兢兢与这些严谨乏味的法言法语打交道，生怕出差池，真心不容易啊！他们纯粹学法律的还好一些，身为前工程师的我，面对法律文书经常是两眼冒金星，苦啊！”我笑着说，“大家现在没看清楚没关系，一会儿用那个著名的剃刀原理加工加工就会清楚许多。”

我另起话头：“有个问题我想做个现场调查，会下围棋的同学请举手。”

举起手的同学占三分之一以上。看来围棋普及率比我们上大学时有大幅度提升。令我颇感惊奇的是，很多女同学也举起了手。

我让大家放下手。迎着大家充满疑惑的目光，我自顾自地往下说："会下围棋的同学都知道，棋手之间有个约定俗成很贵族的礼仪，就是棋局结束后，刚才还杀得天昏地暗的对手并不马上走开，而是把刚才的棋再摆一摆，相互探讨一下棋局关键之处的得失和变化。这叫？"

同学们齐声回答："复盘。"

"对，复盘。复盘是很贵族的礼仪，同时也是长棋的绝佳机会。顺便说一句，复盘的概念可以推广到各个领域。我建议，很多事情过去之后，请大家都暗自复复盘。日积月累下来，会有难以置信的长进。"

学生甲问："复盘？是不是就是通常所说的总结啊？"

这个问题有些冷不防。

我想了想，说："相似，但是略有不同。在我看来，总结往往是说给别人听的，因此重点是说成绩。而复盘是自我反省补短板的，因此重点是找不足。事实上，我们在错误中收获的更多，"看大家若有所悟，我接着说，"下面我们就为这个案件复盘。"

我收起所有的玩笑成分，正色说道："民事诉讼，就是甲对乙有明确要求，但是这个明确要求显然没能由甲、乙双方解决，于是甲就到作为居中裁判的第三方——也就是法院，对乙提起诉讼，这个明确要求就是诉讼请求，法院审查后认为形式上合格准予立案，于是一个案件就形成了。下面我们所讨论的内容不包括调解。调解任何时候都可以进行，而且是解决问题的绝佳办法，又省事又不伤和气，永远都是法院的最爱。但调解有个前提，那就是当事人自愿，属于特殊情况。我们不讨论特殊，只讨论一般。

“甲诉乙的案件，法院经过审理，要对案件做出判决。诉讼请求与判决结果之间的关系，可以类比于现实生活中的‘问’与‘答’，‘问’相当于诉讼请求，最低标准是清楚。比如，甲问法院：我想让乙给我100万元货款，20万元违约金，行不行？‘答’相当于判决结果，至少应当是‘有问必答’，也就是说对案件中的每一个‘问’——诉讼请求——都要给出明确处理意见：或全部支持，或全部驳回，或其中一部分支持而另外一部分驳回。比如针对甲的‘问’——诉讼请求，法院可以‘答’曰：乙在本判决生效后十日内给付甲货款100万元，违约金20万元；法院也可以‘答’曰：驳回甲全部诉讼请求；法院还可以‘答’曰：乙在本判决生效后十日内给付甲货款80万元，违约金9万元，驳回甲其他诉讼请求。注意：法院的‘答’——判决结果，不能‘答非所问’，不能‘避而不答’，也不能‘语焉不详’。

“在我看来，判决书中‘问’和‘答’是案件的主体结构问题，其他诸如案件的证据和事实认定，以及法律依据等，则是装饰装修问题，”我略微停顿以示强调，“工程师们都知道，对建筑物安全而言，装饰装修当然很重要，但主体结构更重要。”

一部分同学点头表示同意。看来这部分同学是学建筑的。

“话说受理案件的一审法院，对案件中的‘问’给出自己的‘答’，一审工作就完成了，一审判决书就出炉了。

“如果甲或乙认为一审判决书有问题怎么办？他可以在法定上诉期内上诉，案件就到了二审。二审对一审判决书有三种处理办法：驳回上诉，维持原判；撤销原判决，依法改判；撤销原判决，发回重审。

“咱们是两审终审制。也就是说，案件最多经过二审，判决书就生效了。判决书生效后，当事人不按照生效判决书履行怎么办？有国家强制力做保障，可以申请法院强制执行生效判决书。

“请大家一定树立这个概念：世上没有百分之百的事情，这也是我国实行两审终审制的原因。一审判决书万一错了怎么办？还可以通过二审纠正。生效判决书经过两级法院把关审理，或者双方都以放弃上诉权的方式表示同意一审判决书，按说基本上就不会有问题了，但是也不能保证百分之百没问题。甲或乙认为生效的判决书有问题怎么办？他可以申请再审，但是申请再审不停止生效判决书的执行。”

看着同学们恢复正常的表情，我知道在他们看来，我终于回到正轨上了。

“本案有三次一审诉讼请求，针对这三次一审诉讼请求分别有三次一审判决结果。特别指出，针对三次一审判决结果有两次二审、一次再审，但是二审和再审的处理结果分别是撤销原判决、发回重审和驳回上诉、维持原判，没有改判，也就是说并没有形成新的‘答’——判决结果，因此也不讨论二审。”

同学们静静地听着。

看到大家如此集中精力，我说得更加卖力：“我当执业律师以来，一直从事诉讼业务。同时，我也在多地任仲裁员。历经无数次痛彻，我总结出我认为的判决书的判决结果三大致命硬伤：超判，漏判，不明确——包括履行期限不明确和判决内容本身不明确。前二者让判决书命悬一线：上诉和申请再审都很容易推翻。最后一项更要命：会直接导致生效判决书烂尾——无法申请法院强制执行。仲裁裁决也基本一样。下面请看。”

我不很熟练地摆弄一番笔记本电脑，调出我需要的内容，显现在投影仪上。

“下面介绍一个非常实用的工具：著名的剃刀原理——如非必要勿增实体。我把刚才大家看到的判决书用剃刀原理进行深加工，去除装饰装修部分，只留下案件的主体结构。咱们只看诉讼请求和与其对应的判决结果，也就是‘问’与‘答’。首先请看2007年版一审诉讼请求：

“1.806房屋归小青所有；

“2.小青给老包财产折价款人民币51万元。

“对应2007年版一审诉讼请求的2009年版一审《民事判决书》，判决结果如下：

“1.806房屋归老包所有；

“2.老包于本判决生效后10日内一次性给付小青财产折价款人民币51万元；

“3.驳回小青其他诉讼请求。”

我停了停，有意让大家仔细看。

“该案经二审后被撤销发回又到了一审。再看2010年版一审诉讼请求：

“1.806房屋归小青所有；

“2.小青参照评估价给老包适当财产折价款。

“对应2010年版一审诉讼请求的2011年版的一审《民事判决书》，判决结果如下：

“1.806房屋归小青居住使用，待符合物权登记条件时，该房屋归小青所有；

“2.小青于本判决生效后30日内一次性给付老包财产折价款人民币1 976 956.50元。”

我再次有意停了停。

“该案经二审后驳回上诉、维持原判了，法律文书生效了。小青拿着生效判决书，历经千难万险终于在海淀法院开具了与生效判决书唯一对应的《协助执行通知书》，然后到海淀建委设立物权——也就是办理了产权人为小青的806房屋产权证，再然后，小青又转让了该物权，806房屋的产权人变成了李女士。判决书生效两年多后的2013年下半年，一中院先是裁定决定再审，接着又裁定撤销原二审判决、一审判决，发回重审。再到一审的时候已经是2014年。小青撤诉未果，但是她没有到庭。因此2014年版一审诉讼请求与2010年版一审诉讼请求相比没有任何变化，仍然是：

“1.806房屋归小青所有；

“2.小青参照评估价给老包适当财产折价款。

“对应2014年版一审诉讼请求的2014年版一审《民事判决书》，判决结果如下：

“小青于本判决生效后30日内一次性给付老包财产折价款人民币2 486 956.50元。”

我有意一言不发让大家仔细看。

过了约莫三分多钟，我发话：“先说说2007年版的一审诉讼请求。每每想到这事，我都恨不得踹自己两脚。这是现实版的‘no zuo no die’！”

众人哄堂大笑，刚才稍显凝重的气氛瞬间烟消云散。

“当时的情况是：806房屋的市场价已经从2001年购买时的102万元涨到大约360万元，小青要806房屋就必须给老包一半的财产折价款。我一直盯着老包的答辩意见，见他始终只是要求驳回小青的诉讼请求，因此我确定806房屋会判给小青，如果不评估，小青就会按102万元的一半而不是360万元的一半给老包财产折价款，”我自嘲地摇了摇头，继续说，“首先确认：坚持不评估是个赌博。赌什么？赌法院会把806房屋判给谁。很显然，806房屋判给谁，谁就是赢家，因为他或她只需按102万元的一半而不是市场价360万元的一半给对方财产折价款。人生没有不可能，该豪赌时就豪赌。问题是，站在谁的位置判断该不该豪赌？站在小青的位置来判断，甚至站在老包的位置来判断，未尝不可豪赌一把，因为806房屋判给小青的可能性很大，但是判给老包的可能性也不能说绝对没有。赌胜，则少付出许多银两；赌输，大不了再上诉，上诉成不成功再说，愿赌服输嘛！但是站在小青或者老包的代理律师的位置上判断，就应当全力避免这样的赌博。大家都知道，律师费是按争议标的额计算的，标的额越大律师收费就越高。在这种前提之下，身为小青代理律师的我还力劝小青豪赌？显而易见的结果是：赌胜，是以自己少赚钱为代价，顶多换小青一句口头夸奖；赌输，委托人的所有不满都会发泄到代理律师身上。这种行为连‘脑残’二字都高攀不上，脑残至少还有脑。这是不折不扣的无脑啊！”

众人笑声一片。

“好了，我的自黑暂告段落。三次一审诉讼请求，除财产折价款数额有差距之外，其余并无不同。请大家分别针对三次一审诉讼请求及对应的一审判决结果，结合我所说的判决书三大致命硬伤，给判决书复盘。必须说明：法官也不希望自己判的案件出错。”

学生乙看着投影屏幕说：“对应2007年版一审诉讼请求的2009年版一审《民事判决书》，判决结果是超判。很明显：

诉讼请求是小青要806房屋，小青给老包51万元财产折价款。而判决结果却是806房屋归老包所有，老包给小青51万元财产折价款。”

“很好。平时我们说话都知道，不能‘答非所问’。同样道理，判决结果也不能判非所求。在小青、老包都明确表示不申请对806房屋评估的前提下，对一审法官而言，对应2007年版诉讼请求的最安全的2009年版一审《民事判决书》判决结果应当是：

“1. 小青于本判决生效后10日内一次性给付老包财产折价款人民币51万元；

“2. 上述判决内容履行完毕后，806房屋归小青所有。”

见有人似乎有疑问，我抬手截住继续说：“这么判的道理后面会一并说。请继续。”

学生丙说：“对应2010年版一审诉讼请求的2011年版一审《民事判决书》，是判决结果不明确？”

“是的，**‘806房屋归小青居住使用，待符合物权登记条件时，该房屋归小青所有’**，这是附了不明确的条件，以至于判决结果不明确。我们平时回答问题时，‘语焉不详’是不行的，同样道理，判决结果不明确也是不行的。判决结果本身不是不能附条件，而是不能附不明确的条件。这个判决结果之所以附条件，我估计是法官当时拿不准806房屋能不能办产权证。在我看来，如果806房屋能够办理产权证——事实也正是如此，那么对应2010年版诉讼请求最安全的2011年版一审《民事判决书》判决结果应当是：

“1. 小青于本判决生效后30日内一次性给付老包财产折价款人民币1 976 956.50元；

“2. 上述判决内容履行完毕后，806 房屋归小青所有。

“上述两个诉讼请求和判决结果我一并说说。两个诉讼请求都是要 806 房屋在前，给财产折价款在后。而我给出的参考判决结果是给财产折价款在先，财产折价款支付完毕后 806 房屋才归小青所有。这样判的道理是，小青拿出财产折价款之前，806 房屋还是小青与老包共有的。这个判决结果也附条件了，但是这个条件是否具备很容易判断，看付款凭证即可。附这个条件还有实际意义，就是防止小青先申请执行办理 806 房屋产权证后迅速转卖 806 房屋，这一切完成后，支付财产折价款的 30 天期限还没到。细思恐极啊！另外，这个判决结果里没有履行期限也是‘语焉不详’的一种，值得引起足够重视。下面继续。”

学生丁说：“2014 年版一审《民事判决书》，我肯定找出问题了！诉讼请求是两项，一个是要 806 房屋，另一个是给财产折价款。但是对应的判决结果只有一项，只剩下给财产折价款了。这明显是漏判啊！”

“恭喜你答对了！2014 年版一审《民事判决书》，有两个‘问’，却只有一个‘答’，这就是漏判。漏判实际上与我们日常生活中的‘避而不答’很相近，”我紧接着话锋一转，“我再问大家一个问题：世上最难买的药是什么药？”

学生甲略显迟疑地说：“是后悔药吗？”

“恭喜你答对了！世上最难买的药就是后悔药。造化弄人，许多事情过去以后，当事人往往悔不当初，甚至肠子都要悔青了。有时人们多么希望事情能够从头来过。但是大家都知道，人生是现场直播，没有倒回去再来一次的机会，因此才有‘世上最难买的药是后悔药’这样无奈的感叹。”

大家的表情看上去又有些迷茫。

我赶紧回到正轨，继续说："我的意思是，其实后悔药并不是万能的。大部分事情重新来过，错误会得到纠正，比如我的那个无脑行为，纠正以后还有机会多收律师费，何乐而不为？还有2009年版一审《民事判决书》判决结果超判的问题，前面已经给出纠正后的参考答案了。2011年版一审《民事判决书》判决结果不明确的问题，估计可能是审判长当时拿不准806房屋到底能不能办产权证。重新来过的话，审判长事先去建委了解清楚后，前面也给出纠正后的参考答案了，审判长后来也就不用因为判决书执行不了而着那么大的急了。但是，2014年版一审《民事判决书》不同，到第三次一审的时候，无论怎么判，都注定会是错案。"

我收起所有玩笑语气，正色说道："真的勇士，既然'敢于直面惨淡的人生'，当然也敢于正视各种错误。这个案件法律看点很多：第一次一审判决结果超判问题；第二次一审判决结果不明确问题；甚至还有再审裁定发回重审，是否违反了'发回重审的案件不得再次发回重审'这一《民事诉讼法》强行规定的问题。这些问题都是稍加小心就可以避免的问题，如果真有后悔药，重新来过完全可以避免。只有最后的一审判决，即使有后悔药也无济于事，注定会是错案。究其根源，是因为物权具有'覆水难收'的特性。而立法时忽略了这一点。事实上，从再审裁定撤销已经生效的一审、二审《民事判决书》，发回重审那一刻起，大错就已经铸成，这份《民事裁定书》客观上给接下来的一审挖了一个法律逻辑陷阱，后面的一审判决注定逃脱不了沦为错案的命运。"

刚才指出第三次一审判决错误的学生丁提出质疑："注定

的？不能避免？”

我坚定地说：“是的。如果有疑问，请你试着改判。”

学生丁说道：“是不是可以这样判？

“1.小青于本判决生效后30日内一次性给付老包财产折价款人民币2 486 956.50元；

“2.上述判决内容履行完毕后，806房屋归小青所有。”

我点点头，说道：“可以，你这样判了，判决结果本身没有漏判的缺陷了。熬到上诉期满，或者上诉维持原判，《民事判决书》生效了，问题就来了：小青拿着这份《民事判决书》到海淀法院申请执行怎么办？钱好说，原来小青不是交过197万多元吗？再补51万元就是了。问题在于，小青要求海淀建委给自己办806房屋的产权证，海淀建委该怎么应对？海淀建委照例会要求海淀法院开具《协助执行通知书》，海淀法院是开还是不开？这时的海淀法院才真正是跋前疐后，左右为难，进退维谷。开具《协助执行通知书》？可是在海淀建委的房产档案里，2013年806房屋的产权证就已经办给小青了，然后小青又卖给李女士了，806房屋的产权证现在是李女士名下的，如果再出现一个小青名下的806房屋的产权证，岂不是要天下大乱？‘一房二证’，而且都是真证，怎么办？

“但是不开具《协助执行通知书》，不给小青办806房屋产权证，万一小青对着媒体说：我拿到的是法律白条，是根本无法执行的《民事判决书》！估计一向看热闹不嫌事大的媒体又高兴了，有新的新闻热点了。”

众人若有所思。

学生甲说：“那这样判行不行？

“1. 小青于本判决生效后 30 日内一次性给付老包财产折价款人民币 2 486 956. 50 元；

“2. 驳回小青其他诉讼请求。”

“驳回小青要 806 房屋的诉讼请求？小青岂不成偷鸡不成蚀把米？对不起，我用词不当。小青岂不成讨房不成反赔 200 多万元？再说了，小青 2012 年 806 房屋的产权证怎么办？”

学生甲喃喃地说：“那怎么办？最后的海淀法院的判决，不判 806 房屋归小青，是漏判；判 806 房屋归小青，那更不得了，一房二证？按北京现在的房价，这就是 1000 多万元的问题，估计要出人命。那最后的海淀法院判决，是怎么表述 806 房屋的？”

我说：“在写判决书的时候，我估计海淀法院肯定看到了这个重大问题，于是进行了艺术化处理。请看 2014 年版一审《民事判决书》的‘本院认为’部分，有这么一句话：‘原判决生效期间，小青根据生效判决单独取得 806 房屋所有权，将房屋低于原审房屋评估价格卖予他人，诉争标的物已由房屋转化为现金价值。’”

学生乙说：“这句话说得没有问题啊，看来也只能这样了。”

我说：“有问题，而且还是很大的问题。漏判就不说了，这是很明显的‘避而不答’，判决书本身的主体结构出了重大问题，可以上诉，还可以申请再审。更大的问题是：房价已经从评估时每平方米 2. 7 万元出头上涨到 10 万元左右了，在巨大利益的驱使下，如果小青和老包幡然悔悟，联手提起行政诉讼告海淀建委，要求海淀建委撤销 2012 年 806 房屋的产权证怎么办？要知道，2012 年海淀建委是依据海淀法院和一中院的《民事判决书》，才把 806 房屋的房产证办给小青的，现在这两份《民事判决书》都被撤销了，海淀建委给小青办理806房产证的法律依据就没有了，小青2012年806房屋的产权证立刻就成了无根之草，无源之水。这个行政诉讼还真不能说一点法律依据都没有。而如果撤销成功，是不是806房屋就回到原始状态——由小青和老包共有？"

学生甲说："啊？那海淀建委岂不是摊上大事，惹上大麻烦了？"

我说："其实，海淀建委没事，他只需拿出海淀法院的《协助执行通知书》原件，就万事皆休。行政诉讼是合法性审查，估计海淀建委肯定会说：一审《民事判决书》是法院出具的，二审《民事判决书》也是法院出具的，《协助执行通知书》还是法院出具的。法院任性，事关房屋产权归属的大事想判就判想撤就撤，一股脑把一审《民事判决书》和二审《民事判决书》都给撤销了，现在当事人找我闹，想让我替你们背黑锅？门儿都没有！我手里有《协助执行通知书》，这是盖着你们法院印章的原件；行政诉讼不是合法性审查吗？法院倒说说看，我是依据生效《民事判决书》和《协助执行通知书》原件给小青办806房屋的房产证的，这个具体行政行为到底哪里不合法了？"

学生甲说："还真是啊！这可怎么办，谁都有理，错在哪里？"

就在大家议论纷纷之际，我另起话头："实际生活中，我们反对'一切向钱看'，这很有必要。但是在审判实践中，我们却主张尽量'一切向钱看'。"

大家又是质疑的表情。

我语气坚定地接着说："是的，在审判实践中我们强烈主张尽量'一切向钱看'，诉讼请求尽量'一切向钱看'，判决结果同样是尽量‘一切向钱看’。这样做的主要原因，首先是让生效的判决书更容易强制执行，还有更深层的原因，稍后再说。比如，你打伤了我，应当是我自己先到医院治疗，然后再到法院告你，诉讼请求是让你赔偿我的各项经济损失。不能是我到法院告你，诉讼请求是让你到医院给我治疗。后面的诉讼请求不可能得到法院支持，因为不能强制执行。再如，你把我的传家古董摔坏了，我到法院告你，诉讼请求是让你照价赔偿，或者我先花钱请人修复，再让你赔修复费。这个古董值多少钱？修复应该花多少钱？你我争执不下的时候，法院也不会趟这股子浑水，另行委托评估机构评估就是了。不能是我到法院告你，诉讼请求是让你复原传家古董。后面的诉讼请求不可能得到法院支持，同样道理，因为不能强制执行。”

大家纷纷点头，看来是认同我的说法。

“但是，正如我们所知，钱并不是万能的，所以判决结果有时候不得不涉及非金钱问题。有个常见的尴尬例子，就是夫妻双方离婚，别的都好说，问题在于孩子的抚养权。孩子归一方抚养则另一方必然拥有探望权，一般是每周探望一次直到孩子十八岁，法院判决书的判决结果都煞有介事地写明探望时间。但是这个判决结果是不能强制执行的，法院却又不能不这样判，不然就是判决结果不清楚，犯了‘语焉不详’的大忌。实践中，有的夫妻离婚后仍然余怒未消，坚决不准另一方探望孩子，另一方无奈到法院申请强制执行。试想，这怎么强制执行？法院只能劝说教育双方。因此，结婚绝非小事，不要轻易结婚，当然了，更不要轻易离婚。”

大家纷纷笑场。

“前面说过诉讼请求和判决结果都应当尽量‘一切向钱

看',原因之一是判决结果如果是付钱,有利于强制执行。另外还有一个原因,就是判决结果如果是付钱,生效判决书强制执行后突然发现生效判决书错了,纠错很容易,这个纠错程序还有个专门的法律名词叫'执行回转','执行回转'是判决书生效且执行后的回救措施。既然叫'执行回转',就应该考虑能不能回转。钱是最典型的种类物,彼阿堵物与此阿堵物都是阿堵物,都是充当一般等价物的特殊商品,完全可以彼此替代,因此理论上很容易'执行回转'。

"涉及非金钱的判决书,还有一种常见类型,那就是判定物权归属的判决书,比如判决某名人字画、某古董归某人所有,这类判决书在继承案件中很常见。这类认定特定物归属的判决书一旦生效,就不宜支持当事人提出再审申请了,因为只要有再审的机会,原判决就有可能被撤销并改判,或者被撤销并发回重审。一旦新的判决书改判该特定物归另一个人所有,而此时原物很可能已经易手难以追回了。后面新的判决书就很可能因为难以强制执行而烂尾。究其根源,是因为物权具有'覆水难收'的特性,判决特定物归属的判决书一经生效,该特定物就有可能依据生效判决而合法流转,难以'执行回转'。不过这类判决允许再审还不是最麻烦的,因为还没有行政单位卷进来。"

下面鸦雀无声,想必这些问题比较烧脑。

"但是,以房屋为代表的不动产物权有所不同。注意:不动产物权的设立、变更、转让、消灭,只有经过登记才能具有法律效力。房屋产权的登记机关是国家行政机关。

"顺便插一句,小产权房是不受法律保护的,在法律上不具有物权效力,村委会或者开发商发的证不好使。"

话说判定房屋归属的判决书一旦生效，国家行政机关就可以依据生效判决书和法院开具的《协助执行通知书》，办理设立、变更、转让、消灭物权的手续。注意：国家行政机关进来了，另外审判庭的法官看不到与生效判决书唯一对应的《协助执行通知书》，很容易忽视《协助执行通知书》的存在。国家行政机关依据法院生效的判决书，和与生效判决书唯一对应的《协助执行通知书》，办理设立、变更、转让、消灭不动产物权的手续，是完全符合法律规定的具体行政行为。生效判决书好撤，但是国家行政机关持有的法院开具的《协助执行通知书》原件撤不掉，虽然撤不掉，但是其据以成立的生效判决书却不复存在了，《协助执行通知书》就成了无根之草，无源之水，无本之木。当事人深究起来，到底是法院的责任还是国家行政机关的责任？

“另外，与不动产物权设立、变更、转让、消灭要有国家行政机关登记相似，船舶、航空器、机动车之类的动产物权，其设立、变更、转让、消灭也有国家行政机关登记；还有，注册商标权、专利权，它们不是物权却有物权的某些特征，它们的设立、变更、转让、消灭也有国家行政机关登记。如果认定这些物权归属的判决书生效，想要按照生效判决书做权属变更，相关国家行政机关都毫无例外都会要求法院依据生效判决书开具《协助执行通知书》。这些判决书如果允许再审，会与不动产物权有相似的麻烦。”

大家议论纷纷。

“类似麻烦的产生，归根结底，就是立法时没有考虑到物权‘覆水难收’的特性。《民事诉讼法》是 1991 年通过的，2007 年第一次修正，2012 年第二次修正，都只注意到判定离婚的判决结果'覆水难收'而把其排除于再审程序之外，却没有注意到判定物权归属的判决结果同样'覆水难收'，没有将其排除于再审程序之外，这不能不说是立法上的小小疏漏。相信下次修正《民事诉讼法》的时候会增加相关规定。而如果增加相关规定能侥幸与本案有些许联系的话，那将是本案所有案件参与人的荣幸。"

学生丙犹犹豫豫地说："我是法学院的，说实话，这个观点我还是第一次听说。感觉有道理，可又不能确定是不是一定成立。不知道沈律师对自己的观点是不是有确切把握？"

这个问题让我有些猝不及防。我沉思良久，才敢开口说话："坦率地说，确实没有。这个观点只不过是我在遇到实际问题时思考的结果，还远远谈不上有把握。事实上，身为执业律师，我在法庭上那些斩钉截铁的言论，我自己也并非都那么有把握。不过我想，认知总是有个过程的，我今天就算是抛了块砖，真心希望能够引出深藏不露的玉，"我看看时间，说道，"如果大家真的有兴趣，我们以后可以继续探讨。时间有限，我们暂时放下'眼前的苟且'，谈谈'诗和远方'，真真正正的远方。"

"1977 年，美国航空航天局先后向太空发射了两艘太空船，分别是旅行者 1 号和旅行者 2 号，试图让偶遇太空船的地外文明知道我们的存在，知道我们来自何方。实事求是地说，这比瞎猫撞上死耗子的概率还要小许多。今年距旅行者 1 号和旅行者 2 号离开地球正好是四十年。"

"沈律师，按照《三体》的观点，这不是自寻死路吗？"

"很多人都持相同看法，因为依据人类已有的经验来看，不同文明的相遇基本上都是很不愉快的。不过我们不讨论这些，反正旅行者 1 号和旅行者 2 号已经发射出去了，‘覆水难收’了，我们说说别的。

“话说 1990 年 2 月 14 日，在旅行者 1 号太空船刚完成其阶段性任务之际，美国航空航天局发出指令，指示旅行者 1 号转回头来，以拍摄它所探访过的行星。美国航空航天局最终得到 60 帧照片，辑成了一幅太阳系全家福。当中一张照片有地球的身影。”

我摆弄一番电脑，然后指着投影仪说：“请看，就是这张照片，这是一张著名的照片，这个被人为圈起的暗淡蓝点，就是我们的地球。人们曾经坚信我们脚下的大地就是宇宙的中心，而事实是，仅仅在这个距离——大概是 64 亿公里——之外回看，地球就已经是微不足道的暗淡蓝点了。这充分说明人们的认知确实是有个过程的。这是人类第一次在 64 亿公里之外看我们的地球。64 亿公里的距离，我计算了一下，光不到六小时就能走完。再想想我们所在的银河系，直径有十万光年，而宇宙中，与银河系相提并论的星系，目前已经知道的，有一千亿个以上。好了，咱们还是回到现实，认认真真仔仔细细看看这张名为‘暗淡蓝点’的照片。从任何一个搜索引擎上输入‘暗淡蓝点’，都可以找到这张照片，强烈建议大家下载这张照片，经常看看。我自己手机的背景图就是这张照片。

“在 1996 年的一个学位颁授典礼上，卡尔·萨根博士针对这张著名的照片发出震撼人心的感慨。我节录了其中我最喜欢的一部分，作为我这次讲座的结尾。”

我们成功地（从外太空）拍到这张照片，细心再看，你会看见一个小点。再看看那个小点，它就在这里。那是我们的家园，我们的一切。你爱的每一个人，你认识的每一个人，你听说过的每一个人，曾经有过的每一个人，都在它上面度过他们的一生。我们的欢乐与痛苦聚集在一起，数以千计的自以为是的宗教、意识形态和经济学说，所有的猎人与强盗、英雄与懦夫、文明的缔造者与毁灭者、国王与农夫、年轻的情侣、母亲与父亲、满怀希望的孩子、发明家和探险家、德高望重的教师、腐败的政客、超级明星、最高领袖、人类历史上的每一个圣人与罪犯，都住在这里——一粒悬浮在阳光中的微尘。

后　记

如果说“民族的就是世界的”，那么“法律的就是大众的”。

法律距我们的日常生活并不遥远，法律与我们的日常生活息息相关。

我真心希望大家在看故事的过程中，捎带了解一些法律知识，而非相反。如果我能侥幸地部分做到这一点，我想我就算是为法律走出法律圈做了些许工作，为法律的普及做了些许工作。

我一直认为：实际遇到法律问题的时候才想起来法律，与临时抱佛脚差不太多，不能说不对，因为毕竟还是想起来了，只是感觉目的性太强。

真心希望中国法律的明天更美好。

坚定相信中国法律的明天更美好。